AF351258

Juan Mera

LA CAJA DE LOS SIETE LADOS

Mera, Juan
    La caja de los siete lados. - 1a ed. - Ciudad Autónoma de Buenos Aires :
    Diseño, 2015.
    108 p. : il. ; 21×15 cm. - (Textos de arquitectura y diseño / Marcelo Camerlo)

    ISBN 978-987-3607-69-1

    1. Arquitectura. 2. Historia. I. Título
    CDD 720.09

Textos de Arquitectura y Diseño

Director de la Colección:
Marcelo Camerlo, Arquitecto

Diseño de Tapa:
Liliana Foguelman

Diseño gráfico:
Karina Di Pace

I.S.B.N.: 978-987-3607-69-1

Marzo de 2015

Juan Mera

LA CAJA DE LOS SIETE LADOS

LA CAJA DE LOS SIETE LADOS

A Aurora.

ÍNDICE

PRÓLOGO

Carlos Asensio Wandossel

Leer este texto es una aventura que no sabes adónde te va a conducir.

A veces resulta molesta, otras asientes como si se hubiera transformado en una persona con la que conversas.

Nada más empezar, el título produce controversia, *La caja de los siete lados*.

Las cajas tienen seis.

Después de un rato, te das cuenta de que la cara superior es especial, se ha facetado en dos planos convergentes en una arista dura, aunque a lo largo de la historia de la arquitectura no ha quedado claro si es para resolver el agua de la lluvia o la forma de solucionar estructuralmente un plano horizontal.

Todo el escrito aparece acompañado por un bajo continuo, sin parte solista, que es la escala.

Efectivamente no es lo mismo una caravana que una casa. La primera tiene seis caras, no siete y no entra el agua en ella ni a 150 km por hora. Su pequeño tamaño permite una fabricación a prueba de climas extremos.

El polo opuesto sería el pintoresquismo inglés, en particular Vosey. Sus maravillosos *cottages* son montañas de cubiertas. Son Wright antes que el propio Wright. Pienso, además, que con un espíritu más verdadero. Esa cantidad de encuentros de planos, expuestos a la densa lluvia inglesa, más que proteger el interior de la humedad, la utilizan como material de dibujo. Tiene que ser interesante el esgrafiado interior de manchas de humedad.

El tamaño en arquitectura sí importa. El Escorial, que en su parte sur es otro buen ejemplo de fachada plana, al final es pequeño, es otro *Titanic* que en el puerto de los libros pudiera parecer grande, pero que en la realidad no lo es.

La caja de los siete lados nos permite entrever el concepto de equidistancia en términos de conocimiento humano. Nos habla de Julián

Marías, personaje fundamental de la cultura española posterior
a la guerra, quien en su libro *La mujer y su sombra*, apunta, en un
momento dado, que "el conocimiento humano siempre ha estado
equidistante de dios".

La cita se reconoce en el texto: las pinturas rupestres, Lascaux
y Altamira, ¿acaso no han llegado más lejos que los animales de
Damien Hirst? Se evoluciona claramente en una dirección para
estancarnos en otras. Ni siquiera la escritura, la imprenta y su
resultado, el libro, han impedido perder ciertos conocimientos que
se transmitían únicamente por comunicación oral. Ante la pregunta,
¿a quién pertenece la arquitectura?, la respuesta parece evidente,
la arquitectura pertenece a la arquitectura, la *Villa Savoye* pertenece
a la arquitectura, no hay dueños y si los ha habido ¿dónde están?
Solo importa la arquitectura.

Carlos Asensio Wandossel
Año 13

Carlos Asensio Wandossel
Es arquitecto y profesor de la Escuela de Arquitectura de Toledo eauclmT. Su obra se
caracteriza por una actitud vital que le ha llevado a soluciones nuevas y experimentales.
Crítico de arquitectura certero y directo, ha estudiado en profundidad la obra de Miguel Fisac
y de Alejandro de la Sota. Sin embargo, es su interés por la Escuela de Ulm lo que ocupa su
tesis que sale a la luz esta primavera. Premiado en numerosos concursos de arquitectura,
destaca por su éxito en el del Auditorio de Elche, que confiamos pueda ser una realidad.

1.

LA CAJA DE LOS SIETE LADOS
DIE KISTE MIT SIEBEN SEITEN

EL *CUBO* DE LAS SIETE CARAS
LA CONSTRUCCIÓN *INTELIGENTE*

"Nada tiene de asombroso que un país retome así, periódicamente, los objetos de su pasado y los describa de nuevo para saber qué puede hacer con ellos"[1]

Vamos a pensar de nuevo.

Casa [caja]

¿Qué es?

Es un ingenio del hombre.

En el imaginario humano, pregunté a un millón de personas: si imaginamos la casa, ¿cómo es?

[1] Roland Barthes. *Crítica y verdad.* Conocí los escritos del semiólogo francés tras escuchar una conferencia del profesor Luis Martínez-Santamaría.

Todos me dijeron:

La casa tiene un techo. La casa protege. Mi casa me representa.

Sé muy bien cómo quiero mi casa, pero sólo puedo tener la que existe.

La casa siempre es una silueta.

Su cubierta es inclinada allá donde llueve.

¿Por qué?

El agua discurre mejor por dos faldas y de esta forma el caudal se parte en dos.

¿Ventana?... Por la que veo, respiro, ventilo, ilumino, oscurezco, ajardino, abro y cierro, *decoro*.

¿Puerta?... Por ella entro, salgo, señalo, recibo, protejo, *decoro*.

¿Color?... Siempre asociado al material o imitando otro.

La madera, la piedra, la tierra, el acero, el vidrio, la pintura, *decoro*.

¿Chimenea?... Por ella sale el humo, el aire viciado, además desprende calor y se puede usar la leña, calienta, entretiene, *decora*.

La casa siempre está decorada, incluso cuando esto se niega. Siempre tiene cubierta.

Inclinada.

Y cuando solo representa, es aún más inclinada.

Ahí nace el chapitel, la espadaña.

La casa de Dios siempre tiene tejado. Pero un día irrumpe *cube*[2]

La cubierta ya no está en aquellos lugares donde hasta ahora era esencial.

¿Por qué?

[2] 'Cube'. Nombre dado en este escrito a la forma *cubo* aplicado a la casa de forma insustancial y repetido hasta la saciedad sin un pensamiento profundo. Y *kubus* es el término utilizado para designar el cubo erudito.

Allá por los países del calor y la sequía, allá donde existen hombres sencillos, donde nunca llueve; *kubus* es natural. Allí el hombre humilde hace el tejado tumbado.

Pero el hombre que *cree saber*, el de otros lugares, también lo hace así a veces. ¿Razón?

Tal vez tenga que enfrentarse al gusto de otros.

Ahora *cube* domina.

Se extiende por la ciudad y se hace bloque, paralelepípedo alto y bajo que se olvidó de su origen. Este siempre fue el mismo: *cubrir*.

El hombre que cree saber ya no recuerda su origen. Entonces, trae de otros lugares la forma, pero dice que la inventa.

Y, ¡de verdad cree que la inventa!

Lo concreto, lo tangible, lo más sensato, aquello de siempre, la tradición, se altera ante lo abstracto.

¿Qué motivo ha provocado que el Siglo Veinte se olvide de la belleza?... ¿Por qué los arquitectos se han dedicado a producir tanta fealdad?... Me preguntan por la calle.

La enajenación voluntaria parece que se ha adueñado de los intelectuales y se ha roto la buena relación entre estos y todos los demás habitantes, que no la desean. Mientras unos se apasionan y comprometen con los artefactos resultantes, otros simplemente copian formas de dudoso sentido.

Pero antes *no* era así.

Antes la repetición era algo natural.

Necesaria.

El material que se usaba siempre era el de al lado. El maestro, el más cercano y la solución se repetía, pero cada vez más extrema. Si se necesitaba el vuelo de la cornisa, esta se extendía imponente apoyado en una gran tornapunta. Cuando hacía falta la piedra de arranque, esta avanzaba hasta la primera planta. *Fern von* | lejos de la humedad.

Si la contraventana era conveniente, se hacía de ella una bandera y si se trataba de un balcón, este crecía hasta dar vueltas por la fachada, grande y ancho, para poder disfrutar de él.

Pero ahí está *cube*... Acechando.

Lo concreto.

Lo deseado.

La casa de los sueños no debe existir.

El dibujo infantil que representa a la casa ancestral debe desaparecer y ya no se pueden contar los siete lados de la caja.

Dos se han tumbado para aparentar ser uno.

Falta algo... inclinado y simétrico es lo que el niño imagina.

Pero *cube* es la orden.

El arquitecto se esconde si cede ante el deseo de lo inclinado.

No lo cuenta.

En las escuelas, el profesor reprende y la enseñanza se tambalea.

Duda.

¿Plano en la montaña? ¿Es sensato? [Ni Adolf LOOS lo hizo]

¿Blanco entre los árboles?

¿Es lógico?

Así no se puede esconder el refugio y deja de serlo.

Las pirámides y las ciudades desaparecen en el desierto, haciéndose piedra o barro, no cristal.

¿Qué será de Dubái?

Ahí *cube* está presente enmendando el comportamiento. Se atreve con el vidrio y las ventanas cerradas, confía en *klimaanlage*.

¿Cristal frente al sol?

Sin / razón.

Pero, un día *cube* se agota.

Es necesario buscar más y entonces, aparecen formas.

Sinuosas y extravagantes.

Como bichos.

Aleatorios, nos invaden seres extraños.

Zigzaghadid blandos como gusanos blancos.

También se pueden ver de colores estridentes, pero no expresionistas.

Amebas y estómagos.

Tuberías.

¿Blando para vivir?

¿Un suelo inclinado?

¡Pero, si todo es cuadrado!

La primera casa inocente es la respuesta solo a la pura necesidad. Su forma es producto de la razón más simple. Es sólo una herramienta. Una invención como la rueda, el círculo que gira desde hace tanto tiempo y nos sigue atendiendo.

La rueda, el fuego, la soga, la casa.

Todos siguen ahí.

La fórmula 1 utiliza neumáticos de goma plana tan anchos como mesas.

Me cuentan que existen sofisticadas cocinas [Bulthaup], chimeneas y barbacoas [menos elegantes tal vez].

En todas, el fuego sigue ahí.

Vemos los inmensos transatlánticos.

Como edificios de diez plantas. Diez hacia arriba y diez hacia abajo. La obra viva bajo el *meer* / [el mar en Austria es un lago].

Van Eyck lo dijo:

La casa es una ciudad, también lo es el barco. Y sin embargo, se mueve.

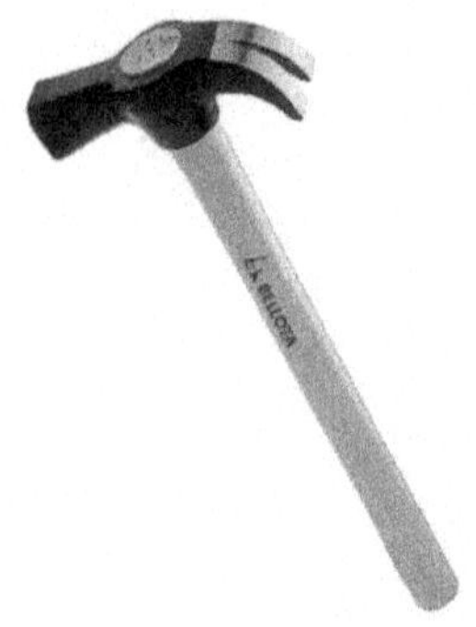

Esa es la gran diferencia. Ciudades pequeñas que se van, que no están quietas y que hay que sujetar. Pero ¿cómo? Si las observamos con calma, descubrimos algo fascinante. ¿Será posible que aún se use una *seil* / *soga* para atracar en los muelles transatlánticos?

AÑO 0.

Imaginemos que los cohetes espaciales, las lanzaderas, antes de partir al espacio, estuvieran sujetos con una simple '*cuerda*'. Está claro que la evolución del cordel ha llegado a su fin. ¿Y la casa?

Es la misma; pero su forma varía, *desvaría*. ¿Será por la búsqueda de la belleza? ¡Tal vez!

Pero entonces, ¿por qué no hacer lo mismo con el martillo?

O, con el tractor, la cuchara, *la llave inglesa* / *engländer* [*precioso nombre*].

Todos ellos son productos de precisión. "Son la demostración de belleza no buscada y hallada". *¿Puede* alguien llegar a la conclusión de que un martillo se piense a priori o se compre por su *bonita forma* / *schöne gestalt*?

Rápido caemos en la cuenta de que solo tiene sentido si es útil. Si se puede poner en marcha. Ya sabemos que tiene una cabeza

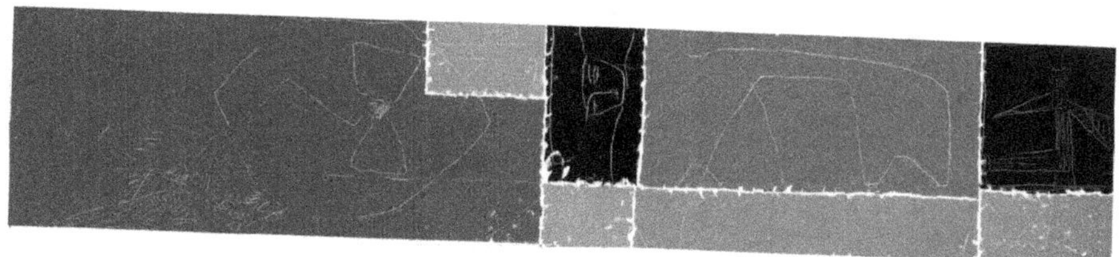

agresiva y potente para golpear el clavo que resiste el impacto con atrevimiento, mientras permanece erguido para penetrar en la pared o en la madera. Dos puntas en su frente, como tenazas, para soltar aquel que no ha sabido aguantar firme ante el golpe asestado. Una empuñadura de madera con el grosor y la forma adecuada a la mano. Si es de acero, reverbera y duele.

La belleza del martillo es simple, indiscutible, aplastante. He visto martillos pequeños y grandes, pesados, ligeros, con una punta en pico asimétrica, con cabeza cuadrada y redonda. He visto martillos con mango de hierro pero forrados de goma gruesa que resiste la intemperie y amortigua el golpe. Martillos inmensos con los que ablandar el hierro y martillos como bisturís para puntas muy finas de ebanista. Martillos de todas las clases, de todas las formas, pero siempre son el mismo y siempre diferentes.

He visto muchos martillos. Ninguno me pareció de mal gusto. ¡Podría comprar cualquiera con los ojos cerrados!

Pero el hombre que cree saber, duda por dentro y presume ante otros.

¡No descansa!

Nada se obtiene buscando su belleza directamente. *Ja | Sí*, la decoración superflua.

Llego a la conclusión de que, tal vez, la casa del futuro sea nómada. De esta forma el valor del suelo *sería 0*.

Veintiuno nos lo aclarará. *Siglo*.

Durante cientos de años el hombre trató de instalarse con seguridad. Ni siquiera los grandes señores en sus fortalezas estaban tranquilos. Todo dependía de su ejército, del acierto de sus construcciones y por supuesto de su situación sobre el terreno. Tan inquietos estaban que siempre viajaban con todos los enseres y dejaban los castillos vacíos para evitar que otros más poderosos se adueñaran de lo que les pertenecía. Supongo que de ahí debe de venir la palabra *mueble | möbel*.

A lo largo del tiempo, si algo se ha conseguido, es lo contrario. Al menos en los países desarrollados de Europa. Aquí, la seguridad es normal. Sin embargo, nosotros no la apreciamos lo suficiente. En Austria, puedes dejar el ordenador y la cartera encima de una mesa durante horas e irte. Cuando vuelves, allí está. He hecho pruebas y comprobado la resistencia de estas gentes a la apropiación indebida y todos mis experimentos han dado positivo. Demostrar esto, que parece simple, es un dato muy importante, la garantía de que la seguridad se puede obtener en todo el planeta.

Pero ¿cómo?

La clave es muy sencilla. Educación y un reparto más equilibrado de los bienes.

El hombre de forma inevitable tiende a crear redes y en aquellos lugares más avanzados todo está conectado ya. De este modo, la casa no tiene por qué ser autosuficiente, como fue en un principio.

Podemos vivir al revés.

Hoy en día todo el mundo habla de sostenibilidad. En el extremo está la 'casa pasiva' Al principio parece un invento extraordinario. Pero tengo muchas dudas acerca de él.

Es una solución demasiado difícil de vivir, agresiva en el fondo del terreno, que respira un aire que no es aire.

Muy hermética.

Es cierto que consigue en lugares donde el invierno es intratable, mantener la temperatura más o menos agradable sin usar sistemas de calefacción ni consumos de energías externas. Pero el aire, el auténtico, ¡es tan importante!

Decía Sáenz de Oiza:

> "Y por las mañanas, se abren las ventanas de los dormitorios y se ventilan. Luego se cierran hasta la noche para que el aire que se respire al llegar sea nuevo."[3]

En cualquier caso, como crítica al consumo excesivo y como bandera contra el *klimannlage*, que contamina sobre todo a quien no lo usa y a la naturaleza y la ciudad, sea bienvenido.

En los países avanzados, Austria es uno de ellos, en cualquier lugar obtienes un enganche a la electricidad o a la red de agua. Un saneamiento mientras compras un refresco y el periódico del día. En muchos sitios y en todos en el futuro, hay y habrá *wifi free* allá donde estés.

Estoy deseando que eso ocurra para no utilizarlo.

¿Es, entonces, la casa con ruedas, y en el futuro la que *flote | schwebt*, la casa del mañana?

¡Invento alemán! | ¡Deutsche Erfindung!

En el año 1833 se creó la empresa Dethleffs KG para la fabricación y venta de látigos. Más adelante, sus productos se extendieron a la realización de esquís. En 1936 uno de sus departamentos desarrolló "una casa móvil moderna con estructura de madera ligera". La demanda llegó y en poco tiempo la fabricación de caravanas Dethleffs ya contaba con seis trabajadores fijos. A partir de 1956

---

[3] Conocí la figura de Sáenz de Oiza gracias al profesor José Manuel López-Peláez. De ambos recibí múltiples enseñanzas.

las peticiones se multiplicaron y empezó la fabricación en serie. No tardaron en recibir numerosos reconocimientos internacionales por su calidad. Se dejaron de hacer látigos, y la fábrica se concentró solo en la gama de los modelos denominados Camper. El año 1971 es el momento del despegue. La fabricación en serie es muy amplia y el catálogo de opciones se ha multiplicado: los modelos Tourist, Comfort, Globetrotter y, por supuesto, Camper son los más apreciados. Desde los años treinta en que nacieron, va aumentando su uso, pero su desarrollo en Estados Unidos se produce de forma generalizada en los años

Setenta. La generación hippie, una vez debidamente instalada en la sociedad, mantiene la caravana como modo de vida. Se trata de una rebelión algo más cómoda, pero sobre todo más libre. No hay dirección ni camino que no pueda dejar de ser explorado.

Sin embargo, es curioso que se trate de un producto europeo. En Francia, el país de la delicadeza, adquiere la denominación más elegante: *roulotte* o casa móvil, casa rodante, vehículo de remolque cerrado que incluye todo el mobiliario básico en su interior. Realmente un hogar.

Dethleffs KG inventó la caravana moderna. La empresa alemana en 1931 recicló algo que existía de siempre, el transporte propio del vagabundo, del mundo del circo; algo que se asociaba a la pobreza de repente dejó de ser despreciado. Simplemente se convirtió en el objeto más avanzado de una época.

Por su forma, casi una nave espacial.

Al volver a pensar sobre el útil, su percepción cambió. Es así como se produce la invención del hombre. Mucho tiempo había pasado desde que Europa estaba llena de carros de titiriteros, o desde las famosas caravanas del Oeste, que tantas veces vimos en las películas de John Ford. Es curioso, nunca los apaches tuvieron ninguna. No se les ocurrió. Su problema fue, tal vez, que al vencer en alguna batalla, su entusiasmo les llevaba a quemarlas en lugar de usarlas, perdiendo así la gran oportunidad que se les brindaba de recoger elementos avanzados de otra cultura para sus travesías. No se pararon a observar. Su odio les impidió ver. Aprender. Es la única manera de sobrevivir. Todos sabemos que la historia de Norteamérica es muy triste. Todo un pueblo desapareció. Esa raza orgullosa estaba tan segura de sus conocimientos que nunca se puso a estudiar al

enemigo con detenimiento. Solo quiso acabar con él, pero eran muchos. ¡Demasiados!

"He observado la belleza de las caravanas".

Es normal que en Estados Unidos, siempre tan atentos a Europa, surgiera hacia los años cuarenta una corriente originada por los surfistas que necesitaban desplazarse con comodidad. Para mantenerse en un lugar determinado a bajo coste de forma autónoma usaron este pequeño habitáculo que les permitía estar frente al mar. Las primeras caravanas consistían en poco más que una cama y una cocina. Algo muy sencillo. Pero hoy en día, la sociedad imparable en su consumo y producción, ha conseguido que dispongan de televisión, vídeo, *kühlschrank*, literas plegables, cocinas y lámparas. Ese mundo, como todos, se ha desarrollado hasta la deformación. Siempre es igual. Ahora existen *mobil haus / wohnwagen* de gama alta, con cuatro ruedas dos o más baños y hasta hidromasaje, vitrocerámicas de última generación y camas de agua *king size*. ¡También aquí se llega al despropósito!

Decathlon y Nike y todas las firmas deportivas las deben tener en mente. En algún momento se realizaron diseños maravillosos. Y si no, miremos la elegante Eriba, *wohnwagen* de culto.

Caravana Eriba.

¡Ahí! El ingeniero acierta.

Ventanas basculantes que abren hacia afuera, protegiéndote de la lluvia y permitiendo la entrada de aire y luz por su enorme tamaño pero ligerísimo peso. Su material plástico, con doble cámara de aislamiento transparente, de sección curvilínea, se nos muestra con precisión perfecta. De apertura y cierre estanco, con mecanismos simples, evitando con su forma de televisor redondeado en las esquinas, golpes dolorosos. Elementos tan sencillos que se pueden romper en cualquier momento. Curiosamente, nadie los ataca. Puerta disfrazada de pared, mejor, simplemente la pared que se abre y se parte en dos, como los portalones de las aldeas para permitir la entrada a los animales por abajo y convertirse en ventana en la parte superior. Lucernario que ventila e ilumina, con red anti-mosquitos en todos los huecos. Pequeños electrodomésticos empotrados y baño como el de un velero. Dos ruedas en el centro que giran 180° y unas tornapuntas que se elevan de forma independiente para adecuarla a la perfecta horizontalidad en cualquier terreno. Torcido no se puede dormir. Impermeable, ligera, aislada. Mesas que son camas, camas que son armarios, armarios que son puertas. Estores opacos para dormir en la oscuridad total. Y por la noche, en cualquier lugar, el cielo y el sonido del bosque. El campo. Los ríos.

La caravana es una herramienta de precisión.

Pero ¡ay!

A veces *wohnwagen* se vuelve fija. Empieza a echar raíces y pierde su ser. El artefacto tal vez más cercano al *Apolo XIII*, que se puede adquirir por escaso dinero, se ancla y nace un nuevo dislate. El hombre siempre está dispuesto a ellos. Convertir en fija la casa móvil es como disecar un tigre y ponerlo en la estancia junto a nuestro televisor. El problema comienza cuando se adosa lo que conocemos como: *avance / errungenschaft*, que no es otra cosa que un toldo cerrado de plástico, *simula una casa a dos aguas, para nuestra desgracia, pobre ingeniero*.

Hecho con cortinas y cristalitos dibujados. [*No he elegido ninguna fotografía para no destruir este escrito*].

¿Qué hace ese frontón pegado a la roulotte?

¡Qué pena da el diseño en ese caso!

La caravana no puede anclarse, ni siquiera conceptualmente. Un objeto radiante como un reloj, tiene que estar acompañado de complementos a su altura. Pero el hombre insiste. Por ello, vamos a enfrentarnos al problema.

Haciendo de tripas corazón y con un enorme esfuerzo, debemos reflexionar sobre la razón de la fuerza de atracción del ser humano hacia los 'aparatos de decoración' que nos resultan odiosos.

Vamos a olvidar cualquier conocimiento aprendido. Pongámonos en el otro lado.

¿De dónde puede venir ese magnetismo por los objetos que vamos a denominar *hiperconcretos*?

¿Qué tipo de placer puede producir ser el propietario de un jardín con enanos del bosque y pequeñas vallas con pilares torneados, flores y jardineras de plástico en diminutos porches con frontón?

Tiene que haber algo que lo haga *necesario | notwnedig*.

Algún motivo oculto que nos hace caer una y otra vez en la decoración. Una tentación que nos impide estar quietos.

Debe existir un foco inexplicable que atrae y que nos lleva por el camino de una superficial perdición y ante todo por la demostración del propio gusto.

¿Cómo controlar ese *ansia | sehnen*?

¿Cómo evitar la obsesión por la reproducción a otra escala de cualquier objeto?

El mercado legal de copias de obras de arte existe y estas, aunque parezca mentira tienen un precio considerable. No son una ganga de feria. De hecho todas van acompañadas de un certificado de "autenticidad de la copia" [*curioso | merkwürdig*] y se muestran y venden en locales de lujo en las ciudades. La cuestión es que para obtener este documento que lo legaliza y permite su venta, simplemente no pueden tener el mismo tamaño que el original.

Muy poco, pero suficiente.

Al descubrir esto, se sufre un pequeño impacto y no es fácil reaccionar. Son tan perfectas que por un momento es fácil tener la tentación de adquirir una. Pero si recapacitas sólo un poco, si resistes, caes en la cuenta de que la obra de arte más importante, la más enigmática, deja de ser tal en la copia. Desde su condición heroica se reduce a la nada.

Dolor | Schmerz.

Solo unos centímetros y la copia perfecta y más la oculta, se hace indeseable, precisamente por la cercanía. El problema está en la promesa de *verdad | wahrheit*. Para verlo con claridad, ningún ejemplo mejor que el césped artificial. Invento diabólico cuando imita un jardín. Los niños en verano se queman los pies corriendo hacia las piscinas, pero los padres y los políticos se sienten felices y orgullosos ante ese espectáculo cruel, verde y seco.

¡Qué se puede hacer!

Por lo menos, ¡pongámoslo bajo la mesa noble del comedor de cualquier *Schloss*!, donde no esconde su naturaleza. En ese caso puede ser una bella alfombra.

Todo menos querer ser quien no se es.

El empeño en las *molduras | verzierungen* pequeñas, en la *boiseries* pseudo-*barock*, viene de aquel querer ser otra cosa. De la falta de verdad y ante todo de su ridículo tamaño. Robert Venturi destacó este tema y acertó casi siempre.

No se puede pedir más.

¿Si al menos los enanos del bosque tuviesen su tamaño real y cenaran con nosotros, este tema me interesaría?

¡Lo siento! Conozco un artesano que tiene en su casa una reproducción exacta de la estatua de la diosa Cibeles un poco más pequeña, muy poco... *Ungeheuerlich una lástima.*

De todas formas, tarde o temprano el hombre recapacita.

Esa virtud existe.

Y... la belleza.

Entre las personas, las más imponentes que he podido ver son aquellas que no son conscientes de poseerla. Y si analizamos cualquier objeto cotidiano, solo cuando cumple sus requisitos estrictos de funcionamiento adquiere esta condición.

Igual ocurre con la arquitectura.

Nunca lo bello es la cuestión inicial, ese planteamiento en escuelas de interior y de decoración es banal. Siempre llega al final, si tiene

que llegar. Lo que ocurre es que todo se complica con el paso del tiempo. Lo que está hecho para durar tiene que superar el reto de resistir y la crudeza que esto supone. Siempre nos podemos consolar al pensar que a cualquier cosa le terminamos tomando cariño y perdonamos sus carencias.

Veintiuno 21 comienza con el año 13. Es el primer año, porque los restos de Veinte [*siglo*] han llegado hasta hoy. Como los cohetes que se van deshaciendo de parte de su fuselaje en su viaje al espacio, veinte ha ido soltando en estos trece años todo lo que le sobraba. Los restos se han dispersado. Han salido despedidos, pero aún quedan muchos en un vuelo alocado.

Nos golpean.

Como fuegos artificiales, van en todas las direcciones. *Dinero | Geld*, formas materiales se amontonan y los medios, las revistas quieren seguir ajenos a ello.

Nos insisten. Piensan aún en convencernos.

¡Das geht zu weit! [*¡Esto es demasiado!*].

Subproductos en los magacines y los críticos que dominaban nuestro entorno ya no sirven. Adiós. Veinte y uno [*siglo*] empieza con la crisis.

La gran oportunidad.

Y por tanto pregunto:

¿Dónde está y *cuál es / welche ist* la casa más antigua?

El arte antiguo, el primero, anterior quizá a la pintura y al enterramiento, es el levantamiento de una roca.

La colocación de otra sobre ella es el *techo / dach*. Durante su periodo de vida en las cuevas, el hombre era solo un inquilino. La profundidad y la oscuridad, supongo, lo convirtieron en transcendente. Entre ellas, la más lejana conocida con imágenes es *Chauvet-Pont-d'Arc* en el sur de Francia. De ello hace 32.000 años. Imagino las noches alrededor del fuego, con la posibilidad de entrada de fieros animales, auténticos depredadores y propietarios de esos espacios arrebatados, que tarde o temprano debían ser devueltos a sus verdaderos dueños. Imagino el fondo inmenso donde no existía el fin. Solo oscuridad. Allí siguen aún los lobos, los osos, cuidando su manada dentro de las rocas.

Pero ellos no piensan tanto.

No le dan tantas vueltas.

Tampoco son capaces de dibujar, porque no tienen manos. El hombre de entonces pintó los techos con colores y tintes que consiguió de los animales cazados, de las plantas y sus trazos fueron tanto o más precisos que los del mejor artista contemporáneo. ¿Cómo es posible tanta delicadeza, tanta sabiduría? Tal vez fueran más parecidos a nosotros de lo que creemos. [*Siempre me he sentido más cercano a Odiseo que a mi vecino*]. Ese hombre dibuja y recuerda sus hazañas. Pero la cueva exige lucha con el enemigo y esta es a muerte. Los animales reclaman lo que es suyo. El espacio es de su propiedad. Tienen razón.

La cueva no es el lugar del hombre.

Aufgeben.

Hombres caminando en la ruta hacia el Mar Negro.

A pie.

El pie. La medida que aún se usa en la construcción de la casa. Extremidades distintas y unas cuerdas bucales. El verbo y la carrera. Solo en los animales que tienen extremidades diferentes se siente representado el hombre. Entre ellos el *águila* es el preferido. No existen banderas con primates. Pies y manos son afortunadamente para nosotros, diferentes, y separan al hombre del mono a una distancia infranqueable. El hombre se considera águila antes que primate. No es extraño que esta tenga una pareja que dura toda la vida y construya su refugio como él. El primate no construye nada, se regala frutas y verduras, pero no trabaja como el ave. Al andar, el hombre puede recorrer el mundo, nómada en busca de alimentos, en busca de climas favorables hasta llegar al borde de los ríos donde se asienta. Allí descubre la cosecha y distingue a los animales. Se da cuenta de que muchos quieren estar a su servicio, otros no. De ese borde de naturaleza, junto al agua con ramas y troncos surge la casa. También el templo.

Es tan simple que las columnas son las propias hojas, las más gruesas. Más tarde se tallarán en piedra los pilares dotados de capiteles floridos.

Decorados.

El arranque sobre la tierra es sencillo, sólo debe ser seguro, pero hay que cerrar el cielo.

¡He ahí el dilema!

Para ello, se usa la forma más lógica, la que produce la arena al caer; la pirámide. También las grandes montañas lo son.

No puede ser otra, porque si no se elige esta, no resistirá. El triángulo es la solución y sobre él, el agua discurre. El agua siempre se extiende y en ella me puedo bañar.[4]

La roca es opuesta. Está tan unida que separarla es muy *difícil / sehr schwierig.*

El arte de los hombres es diverso.

Lo muy antiguo y lo muy nuevo, con-viven / leben zusammen, la cerámica, el cine, la pintura, y los ordenadores, . . . la fotografía.

La primera fotografía que conocemos es un bodegón.

Su título, *La mesa puesta*[5]

El hombre que la vio por primera vez, si exceptuamos al fotógrafo Nicéphore Niépce que fue su autor, debió de creer que se trataba de un cuadro. La primera fotografía es más imperfecta que la última pintura realista. En realidad nada distingue desde el punto de vista de su forma una pintura del hiperrealismo de una fotografía. Sin embargo, se trata de mundos antagónicos.

---

[4] Inicié estos escritos por la posibilidad que me abrió la profesora Ángela Lambea. Ella nos habló de Zumthor como nadie lo había hecho hasta entonces.

[5] *La mesa puesta.* Se trata de la primera fotografía conocida. Realizada por Nicéphore Niépce en el año 1822 (Musée Nicéphore Niépce). Roland Barthes, *La cámara lúcida.*

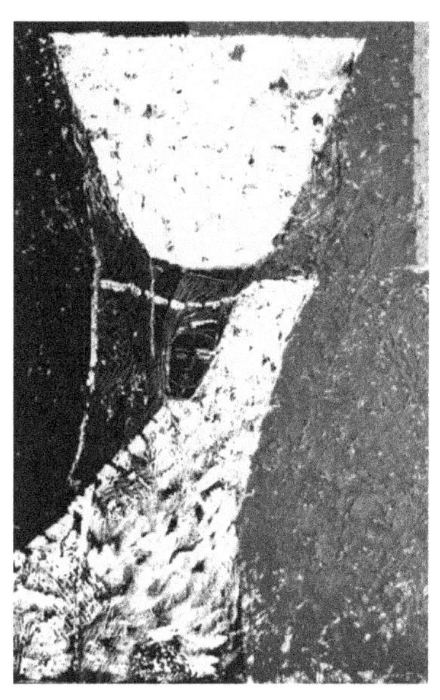

En el año 1954, el pintor Jasper Johns realizó su pintura *Flag*. Una
bandera *USA* pintada como un paisaje. Esta deja con este acto de
ser, para convertirse en una visión, en objeto de mirada, una talla
manual. Ya no representa exactamente los valores de la patria y de
la Unión y pasa a ser recreo de los sentidos. Es simplemente una
bella obra de arte. Sería bueno que esto se hiciera en nuestro país
de una vez, donde las banderas se usan como arma arrojadiza.
Hasta el movimiento punk fue sano para la salud de la corona inglesa. Solo cuando puedes ver algo de otra forma, entiendes su verdadero valor. La primera fotografía es importante solo por su condición única. Inicial. No importa su perfección técnica. Tampoco su
hermosura. Es suficiente su nacimiento. Su aparecer está por encima del arte. Y si la primera solo nos interesa por el hecho de existir.
Entonces: ¿Qué ocurre con la última? ¿Exigimos de ella que sea una
obra de perfección técnica y que su belleza sea determinante?

La primera fotografía procede del año 1822. Pasarán al menos ochenta años hasta que el Impresionismo se imponga para no ser el pintor anulado por ella. Durante ese largo tiempo, los cuadros más realistas, las esculturas románticas, las pinturas del simbolismo, lucharon en férrea batalla contra ella, pero perdieron. Como la guerra de los Cien Años. Durante un tiempo, pensaron los pintores de retratos que podrían ganar, hasta que apareció Camille Pisarro y Claude Monet y también, Édouard Manet, Georges Seurat, Pierre-Auguste Renoir... Y al final Cézanne fue el héroe capaz de apartarse de verdad de ella.

Ese fue el punto de arranque de *kubus* [cubo erudito].

[Más adelante explicaré esto que afirmo]. *Er behauptet, dass er Recht habe*[6]

La primera casa en Japón es igual a la última.

Construidos en madera, los templos y las viviendas se hacen y deshacen siempre igual. La obra construida siempre es la misma. Ante este hecho nuestro concepto occidental, se trastoca. En Japón parece que el tiempo es circular.

En el libro *El imperio de los signos*, Roland Barthes nos habla de ellos.

Entre sus páginas dice:

> "En Japón el objeto del regalo es la caja y no lo que ella contiene. De esta manera la caja representa el signo: como una envoltura, vale por lo que esconde y protege, pero el paquete no está vacío, sino vaciado. Lo que los japoneses transportan con una energía de hormiga son, en suma, signos vacíos".

Los hombres del Mediterráneo son /somos diferentes.

Lo que envuelve protege el interior, sin más. Cerca aún, están las hojas de periódico que se utilizaban en los mercados en España para envolver el pescado fresco.

---

[6] *"Er behauptet, dass er Recht habe"* / "Él afirma que tiene razón".

No hace tanto de eso. Olvidamos muy rápido.

¿El regalo? ¡Da igual! ¡Con cualquier papel!

En los comercios siempre decimos: ¿Por favor, me lo envuelve para regalo? Y luego nos arrepentimos. Lo tiramos, me refiero al papel, porque el que te ponen siempre es ridículo. No sé quién los elegirá. Recuerdo que una vez, en una tienda, no sé dónde era, ya no pude soportar más el dibujo del couché del regalo y estallé. Le pedí al comerciante que ¡por favor! le diera la vuelta y me lo envolviera del revés. No le gustó mucho la idea, pero lo hizo. Salí de allí más contento. Seguramente él pensó que había tratado con alguien extravagante. Yo lo encontraba más digno.

Envoltorios de chiste nos rodean. Colchas en los dormitorios, donde duermen importantes hombres, poderosos, con sábanas de florecillas junto a su feliz mujer, que ahí ha ganado la partida, junto a su madre. Cortinas que rodean las habitaciones entre motivos clásicos y literarios, papeles pintados que ya se perdieron, pero vuelven.

Nuestra cultura es opuesta a la japonesa en ese aspecto.

Cuando un nipón recibe un regalo, mira el envoltorio, hace una reverencia y se va. Lo sé por experiencia propia. El español se queda paralizado ante este hecho. Nosotros rasgamos con furia los paquetes de papel y cartón de "El Corte Inglés o Zara", que ya es *more important*, a la búsqueda entusiasta y muy agradecida en el acto, de esa camisa. Pero, en el fondo, lo que andamos de reojo mirando con desesperación es si tiene ticket regalo. Será el día siguiente el verdadero momento del disfrute. ¡Por fin podremos cambiarlo por algo que de verdad nos guste! El ticket regalo, la palabra lo dice, es el verdadero obsequio. Como todos lo hacemos, nunca más preguntamos si el regalo que un día nos preocupamos de buscar le ha gustado de verdad a la persona que obsequiamos. Damos por hecho que no es así. Pero no nos importa. Supongo que en Japón esto significaría la obligación de hacerte, tal vez, un pequeño haraquiri.

Nuestros regalos están llenos, pero mal envueltos. Allí el envoltorio es lo valioso y el interior muy pequeño.

Dice Roland Barthes:

Como los regalos, vacíos y elegantemente empaquetados los suyos, llenos y desordenados en el envoltorio, los nuestros. Nosotros vivimos en el centro de la ciudad, ante todo mentalmente.

La última fotografía que existe en el mundo es la que voy a hacer yo: *¡ahora mismo! ¡Flash!*

Un instante después, no... a la vez, se están realizando millones de ellas. La primera fotografía de la historia, *"no tiene interés estético"*. No importa el autor, ni la técnica, porque parece magia, solo es una curiosidad.

Tampoco importa su contenido. La última ni siquiera nos interesa por serlo. Antes *sí*.

Antes, el niño diez millones, era obsequiado con un cheque al portador.

No importaba su aspecto, ni su futuro, solo se celebraba haber llegado ¡el último!

La primera construcción, por tanto, no debe tener un valor estético.

Entonces tampoco a la última se le debe exigir su consideración artística.

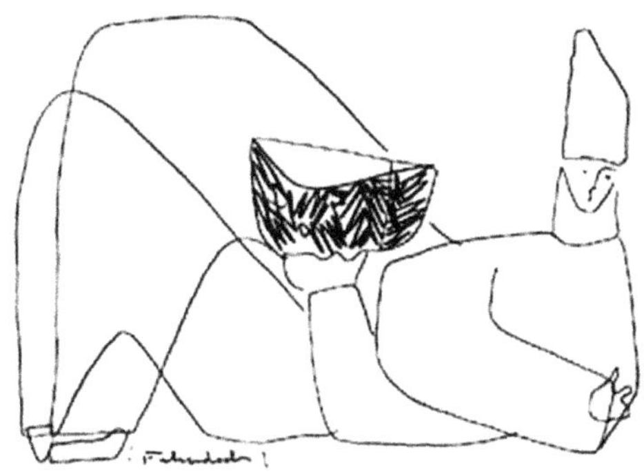

¿Por qué pedir tanto a los demás?

Y SÍ... desnudamos de su obligación ARTE a la fotografía, a la pintura y a la arquitectura,

¿Qué nos quedará?

¿Tal vez su ser?

Testigo del tiempo.

Roland Barthes:[7]

"Un día, hace mucho tiempo, di con una fotografía de Jerónimo, el último hermano de Napoleón. Me dije entonces, con un asombro que después nunca he podido despejar: Veo los ojos que han visto al emperador. A veces hablaba de este asombro, pero como nadie parecía compartirlo ni tan solo comprenderlo, la vida está hecha de pequeñas soledades, lo olvidé. Mi interés por la fotografía tomó un cariz más cultural. Me embargaba, con respecto a la fotografía, un

[7] Roland Barthes, *La cámara lúcida*, Ed. Paidós, p. 25 (mixtura de fotografía y arquitectura adecuada al discurso que nos ocupa). Su manera de atacar el análisis de la fotografía y la literatura me ha servido para entender mejor la arquitectura. "Todo es un conjunto".

deseo ontológico: quería, costase lo que costara, saber lo que aquella era [en sí]. ¿Quién podía guiarme? Desde el primer paso, el de la clasificación, la fotografía se escapa. Las distribuciones a las que se le suele someter son, efectivamente, bien empíricas, bien retóricas, bien estéticas y en cualquier caso exteriores al objeto, sin relación con su esencia... diríase que la fotografía es inclasificable. Me pregunté entonces cuál era la causa de todo este desorden".

Un día, di con esta reflexión |rB|.

Me dije a su vez:

¿Por qué no intentarlo con la arquitectura?

A veces hablaba de esta idea y como algunos me escuchaban, no lo olvidé.

Mi interés por la arquitectura se volvió: "ontológico".

Pero:

¿Quién podría guiarme?

Desde el primer paso, el de la clasificación, la arquitectura se escapa.

Las distribuciones a las que se le suele someter son, efectivamente, bien empíricas, bien retóricas, bien estéticas y en cualquier caso exteriores al objeto, sin relación con su esencia...

Diríase que la arquitectura es inclasificable.

Me pregunté entonces cuál era la causa de todo este desorden.

| Bis |

buchstäblich.

La arquitectura que me interesa es la que produce emoción.

¡Qué me importan las reglas de composición, qué me importan los estilos!

Frente a ciertas arquitecturas, a veces, me gustaría ser un salvaje.

Pero el salvaje del intelecto exige cultura.

Ante este dilema me encontré en un callejón sin salida, científicamente solo.

Descubrí entonces que ese desorden puesto en evidencia me aclaraba una especie de incomodidad que siempre me había acompañado.

Resolví por tanto, tomar como punto de partida para mi investigación apenas algunas arquitecturas.

¿Y si las mirábamos con ojos nuevos, qué podía ocurrir?

¿Y si olvidábamos algunas obligaciones debidas?

¡Heme aquí!

¿Qué puedo saber de la Arquitectura?

He observado que una construcción posee tres protagonistas:

1. La del pensador / constructor.

2. La del observador.

3. La de aquel que la pone en práctica.

Y en ese caso, ¿a quién pertenece la Arquitectura? ¿Al pensador, al sujeto o al paisaje?

Pregunto:

¿Toda construcción vale o debe pasar por el filtro de la crítica, cuando este es un delgado y sutil tamiz que solo permite algunas piezas, tan pocas, que la mayoría expuesta no tiene interés?

Estamos rodeados por miles de objetos, construcciones a veces inmensas, que sería bueno retirar.

Y entre tanto material [*me refería antes a los millones de fotos que en este momento se están haciendo y también ahora, se está produciendo una construcción voraz imposible de cuantificar, imparable por uno u otro lugar*], la imitación desnaturalizada crece.

Se expande.

Veo casas por todas partes.

Edificios... y la mayoría se parecen, me son familiares.

Si entornamos los ojos, si miramos borroso, tal vez sea la cubierta el único elemento que diferencie *dos especies / zwei arten*.

Los habitantes del mar tienen casi todos la misma forma. Si pedimos a cualquier persona por la calle que nos dibuje un pez, siempre obtendremos el mismo resultado:[8]

"Un pez siempre tiene forma de huso que se cruza en la cola".

[8] El profesor Ricardo Aroca habló de ello en su conferencia magistral en la eauclmT en el año 2013.

Parece que esto es debido a una razón: Sólo están sometidos a un tipo de esfuerzo.

Allí no hay gravedad y el clima es más parecido que en la tierra.

Únicamente deben nadar de frente. He descubierto que eso mismo ocurre con las casas. Todas están sometidas a las mismas tensiones.

Su deber; permanecer.

Estar.

Estar, aceptando cada una su orientación, aquella que el hombre le impone, porque no pueden elegir. Si así fuera, tendrían mucho que decir. Supongo que alguna se quejaría de su fatal destino ante sus compañeras. Si conociéramos su lenguaje, como el de los animales y los árboles, seríamos más cuidadosos.

Nadie piensa que los árboles puedan sufrir, al menos en España, donde el odio hacia ellos es generalizado. Se practican podas, mejor, talas brutales por jardineros que nunca estudiaron nada en relación con la naturaleza y el paisaje. Que nunca se preocuparon por entender.

Se ordena por políticos que lo hicieron menos y se matan los terrenos con pavimentos inmensos, fruto de nuestra obsesión cercana por la pobreza que nos atenaza. Estos señores, tienen una enorme tendencia a asfaltar.

Me encantaría oír alguna vez a un alcalde/esas, *¡too much!* ordenar una operación *des-asfalto.*

Madrid esconde un tesoro de adoquines de granito en la base de ese pavimento negro y petrolífero. Este cuerpo negro produce al menos el doble del calor que desprende el granito.

Millones de euros se gastan al año en esa solemne tontería.

Algún día los arqueólogos vendrán y nos pondrán la cara *roja | rot.*

Este país nuestro, si puede, no deja un centímetro de tierra tranquilo y sin embargo, paradoja, somos el más despoblado y con mayor cantidad de espacio natural de Europa.

Y esto se lo debemos en parte a la afición taurina.[9]

¡Las dehesas!

Ellas han ayudado a frenar la especulación inmobiliaria.

¡Cataluña recapacita!

Entonces,

¿todas las casas deberían ser iguales?

[9] Lección magistral del profesor Javier Vellés.

De hecho es un descanso cuando vemos agrupaciones que el tiempo ha permitido y que solo varían en su tamaño. Pero esto significaría que en las Escuelas de Arquitectura sólo se debería enseñar a hacer una sola casa.

¡Siempre la misma!

Los peces son todos iguales, pero todos son distintos.

El experto lo sabe enseguida y se emociona ante determinados especímenes. El pescador en ocasiones devuelve la pieza cobrada al río, rendido ante su belleza. Casas iguales.

¡Pero qué distintas se sienten las personas que las habitan!

[la casa más pequeña] [es =] [a la casa más *grande*].

Detectadas entonces las dos especies de casas, *la caja de los siete lados* y *kubus*, resolvemos que las primeras cuestiones a tener en cuenta son *solo 2*.

Forma y tamaño.

Todos los elementos que la componen están en ella y, por tanto, según su forma y escala estos serán mayores o menores y sus variaciones infinitas.

Pero al entornar los ojos y ver el mundo nublado [*el paisaje debe ser parecido al del fondo del mar*], la mayoría, nosotros, en tierra, solo podemos ver dos seres.

Dos figuras,

Las siluetas forman el paisaje y en nuestros paseos a veces quisiéramos rodearnos de aquellas que poseen siete lados.

En ocasiones, vemos *seis*.

2.

LA FORMA
DIE GESTALT

LA FORMA / *DIE GESTALT* es la condición 1.

Adolf **LOOS** procedía de Brno, pero fue, sin embargo, un influyente inquilino de Viena. En el arranque de Veinte es bien conocido que viajó a América. El puerto de Nueva York le impresionó, según insiste su biografía, pero lo que trae realmente en la mente es Chicago. Es Louis Sullivan y sus imponentes *kubus* los que se convierten en las piezas claves de representación de la nueva ciudad.

Pregunto, ¿No son exactamente iguales los edificios de Chicago a la más grande de las construcciones de Florencia? *Strozzi*.

"La familia Strozzi se había exiliado de Florencia en 1434 por su oposición a los Médici. Gracias a su fortuna acumulada como banquero en Nápoles, Filippo Strozzi pudo volver a la ciudad en 1466, decidido a aplastar a sus rivales. La suya se volvió una verdadera obsesión y durante años compró y demolió edificios en torno a su residencia para así disponer del terreno necesario para edificar el más grande palacio que se hubiese visto nunca en Florencia. Giuliano da Sangallo hizo un modelo de Palacio Strozzi en madera entre 1489 y 1490,

pero finalmente fue su ejecutor Benedetto da Maiano, el arquitecto preferido de Lorenzo el Magnífico".

En el Palacio Strozzi, la cubierta no existe y, aunque esté, la perspectiva nunca permitirá su visión. En el caso de Sullivan en Chicago, el edificio se ha hecho tan grande que solo puede ser visto desde abajo. Es el momento de explotar la cornisa. La gran moldura. *Decoro*. LOOS, el arquitecto 'esencial', graba en su memoria esta imagen. Es curioso, estando tan cerca de Italia, de Venecia, descubre al otro lado del Atlántico la modernidad y traslada a la anticuada Viena, que cree vivir en la vanguardia del arte, la dureza de la verdadera representación de la vida palaciega.

LOOS refinará la cornisa hasta convertirla en una línea.

Es Viena 1900.

La *Secession*, grupo organizado por Gustav Klimt y por Joseph Maria Ölbrich domina el panorama artístico. *Jugendstil*. El Imperio hace aguas, pero nadie parece darse cuenta. Francisco José sigue en sus dependencias sin atender al futuro. Tal vez se hubiera evitado una guerra si hubiera observado con más detenimiento lo que se acercaba ¡Quizá *dos*! La vida en la capital de los Habsburgo sigue disfrutando de la hipocresía y los restos del *Barroco* están por todas partes. Como ahora ocurre con el Siglo Veinte y sus últimos fragmentos, andan dispersos. Otto Wagner es capaz de recoger con dignidad la caída y producir piezas de verdadera calidad. Sus seguidores, más radicalizados hacia el *Art Nouveau*, cercanos al impresionismo francés y al naturalismo belga, se regodean en su exquisito gusto y se acoplan con comodidad en la sociedad dominante *standar*. Pero Adolf LOOS y su *gruppe* están al acecho para incomodar al resto. El escritor Karl Kraus, que generó opiniones contrarias a todo y en todos los momentos de su vida, reforzado por la conciencia que tenía sobre su propia importancia, arrastraba con su personalidad fascinante a sus seguidores. El pintor Oscar Kokoschka, también. Escritor y pensador además, nació en el seno de una humilde familia dedicada al arte de la orfebrería y residió en la pequeña localidad austriaca de Pöchlarn, situada en la ribera del río *Donau | Danubio*. Con diecinueve años ingresó en la Escuela de Artes y Oficios de Viena, lugar en el que completaría su preparación académica entre los años 1905 y 1908. Durante los cuatro años siguientes trabajó conjuntamente con el arquitecto y diseñador industrial Josef Hoffmann, quién había creado una serie de talleres caracterizados por desarrollar su actividad de un modo cooperativo. A partir del año 1908, es cada vez más patente la influencia que recibe de personajes como Gustav Mahler, Gustav Klimt y Sigmund Freud. En 1908 publicó su primer libro de poemas, ilustrado por él mismo, *Los muchachos soñadores*. En esta primera obra ya era imposible advertir una gramática lineal. Todo atisbo de decoración propia del movimiento vienés había sido erradicado. Este mismo año realiza una serie de carteles y postales para la Wiener Werkstätte que será expuesta en la Kunstschau vienesa, junto a una escultura y el libro *Die Träumenden Knaben*. Sin embargo, sus obras serán muy mal acogidas por parte del público y de la crítica, sintiéndose estos sectores agraviados por la fortísima expresividad de sus creaciones. La misma reacción obtuvo al estrenar su obra teatral *El asesino, la esperanza de las mujeres | Mörder, Hoffnung der Frauen*, primera creación del expresionismo escénico. *La indignación fue generalizada*. En 1909 conoce a LOOS. A partir de ese momento, el arquitecto se convierte en su mecenas. Tras pedirle distintos encargos, entre ellos su propio retrato, LOOS pondrá en contacto a Kokoschka

con Herwarth Walden, fundador de la revista expresionista Der Sturm, pero frustrado por las malas críticas recibidas durante su estancia en Viena, el artista decide mudarse a la capital alemana en el año 1910, con la ayuda de Herwarth Walden.

En su nueva ciudad se dedica fundamentalmente a retratar a los personajes que estaban vinculados a la intelectualidad alemana y austriaca de la época. Hasta el estallido de la Primera Guerra Mundial.

Entre los años 1912 y 1915 mantiene una relación sentimental con Alma Mahler, viuda del compositor, que acaba por romperse de manera brutal. Tras la huida de Alma, en estado que roza la locura realiza una de sus obras maestras, *La novia del viento*. Su vida concluye en su casa de Villeneuve. El iniciador del *Expresionismo* austriaco fallecía mientras dictaba sus memorias.

El tercero en cuestión, Peter Altenberg, escritor, agitador. De su propia obra, habla,

"¿Qué cómo escribo?

Con absoluta libertad, sin dudar nunca. Nunca pienso antes sobre mi tema, nunca. Tomo papel y escribo. Incluso escribo el título de modo semejante y espero a hacer algo que permanezca en relación con aquél. Uno debe buscar en sí mismo, no forzarse, ser terriblemente libre de ser capaz, volar. Lo que viene es entonces con seguridad tan real y profundo como lo es en mí. Si nada llega, entonces nada fue real en ello y entonces también nada permite la hondura."

Este grupo será afín en una cosa.

¡Quieren que Wien arda!

Remover los cimientos de una sociedad que consideraban aparcada, perdida en la decadencia y al borde de la fractura. Pero Loos no es sólo un provocador. Se ha confundido constantemente la cuestión *kubus* de LOOS. No proyecta objetos abstractos, sino concretos. Su objetivo es proyectar y construir *palacios / schloss*. En ellos, la cornisa existe igual que en las ocasiones en que proyecta casas con cubierta. La ausencia del plano inclinado a veces no se ve, a veces no importa, porque existe tras la cornisa, que en su caso es una línea. Solo es necesario observar con detenimiento la Villa Müller o tal vez la Villa Rüfer.

Palacios. Schloss.

Otra cosa bien distinta es el *otro* origen de *kubus*, el llamado *Neoplastizismus / Neoplasticismo*.

Sus antecedentes nos dirigen a Piet Mondrian, quien a principios del Siglo Veinte, comenzó a crear a partir de representaciones figurativas organizaciones geométricas.

De un árbol simétricamente compuesto se desprendió su famosa pintura a base de signos [+] y [-], composición de 1915.

Una vez en este punto, su evolución comenzó como una elaboración paciente e inacabable de telas fundamentadas en la acción de sistemas ortogonales y la utilización de colores que poco a poco se radicalizaron en la reducción a los tonos primarios.

Sin embargo, las teorías de Piet Mondrian tienen su origen en las obras de Braque y Picasso, los dos únicos pintores cubistas de la Historia. Ahora bien, si seguimos hacia atrás, será, antes dicho, Paul Cézanne el verdadero padre del que nacerán todos los movimientos

posteriores y Theo van Doesburg, quien recoja el reciente invento de Piet Mondrian, para junto a Pieter Oud y Gerrit Rietveld, dar cuerpo a la teoría de desplazamientos en los nudos que permitirá a la arquitectura moderna deshacerse espacialmente en planos abstractos. Este proceso abrirá el segundo camino hacia *kubus*, junto con la extraña inspiración de la gran figura americana Frank Lloyd Wright y tal vez, o seguro, Japón.

Mies van der Rohe, como siempre, cerrará el círculo con sus casas de muros y más tarde en el Pabellón de Barcelona, donde la arquitectura moderna queda definitivamente resuelta.

Y si nos preguntamos si existe otra vía más, debemos contestar *sí*.

Esta no es tan pura como las anteriores ya que nace de la mezcla del *Cubismo*, que se desvía hacia el *Purismo* y hacia algo muy distinto el *Constructivismo ruso*.

Es mi opinión | Das ist meine Meinung.

Cézanne será el primero y desde esa fuente se extenderá a Braque y Picasso, quienes de forma conjunta lo desarrollarán. Sin embargo, Picasso llegará más lejos.

Die drei musiker | *Los tres músicos* es la gran obra, el resumen final y la meta. Es el momento del *Cubismo Sintético*. Y de ahí arrancará el *Purismo* que aprovecharán Amédée Ozenfant y Jeanneret. Aunque es de todos conocido, no está de más recordar que este último nació en 1887 en la localidad de La Chaux de Fonds y fue bautizado con el nombre de Charles Édouard Jeanneret. A los 29 años se trasladó a París, donde adoptó el seudónimo Le Corbusier, variación humorística (ya que evoca a la palabra cuervo) del apellido de su abuelo materno: Lecorbésier. Su padre se dedicaba a lacar relojes para la industria de su ciudad natal y su madre fue pianista y profesora de música. En 1900 Le Corbusier comenzó su aprendizaje como cincelador en la Escuela de Arte de La Chaux-de-Fonds, en Suiza. Uno de sus profesores, Charles L'Eplattenier, le orientó hacia la pintura y después hacia la arquitectura. En 1905 diseñó su primer edificio, una casa unifamiliar para un miembro de la Escuela de Arte, la Villa Fallet. En los siguientes diez años hizo numerosos edificios, que todavía no llevan su sello característico posterior y que él mismo no incluyó en el registro posterior de sus obras. Ya en París trabajó durante quince meses en el estudio de Auguste Perret, arquitecto inmerso en la investigación sobre un nuevo material, el hormigón armado. A continuación viajó a Alemania. Allí trabajó en la oficina de Peter Behrens, donde coincidió con Ludwig Mies van der Rohe y Walter Gropius. El año 1991 lo dedicó por completo a viajar. Desde Viena fue a Rumanía, Turquía, Grecia e Italia y a su regreso fue profesor durante dos años en el departamento de arquitectura y decoración de la Escuela de Arte de París. En 1918, junto al pintor Ozenfant, editó la revista *L'Espirit Nouveau*, publicación donde ambos sentaron las bases del *Purismo*. L.C., muy rápido, consiguió hacerse conocido en todo el mundo manteniéndose lejos pero a la vista de *'Mies'* | *'Malo'*. Que con ese nombre, es normal que también lo cambiara, intercalando, el término holandés | *'van der'* | *(en un guiño extraño)*, tal vez aceptando esa influencia holandesa de sus primeras obras.

De los cuadros salieron los trazados, de los trazados, las *'plantas'* y del pensamiento ruso la sección y la preocupación por la *función | funktion*.

La máquina | die machine.

La revolución rusa, el país de los zares desaparecidos, puso en órbita al mundo en un principio, pero terminó degenerando en la pesadilla llamada Stalin. Vladimir Tatlin, Moisei Ginzburg, Konstantín Mélnikov, El Lissitzki, Iván Leonidov y tantos otros fueron capaces de inventar auténticas máquinas para vivir.

Le Corbusier aprovechó su conocimiento hasta el final.

Toda su vida ronda esta idea.

Incluso en sus últimas obras cuando por fin consigue hacer realidad *la sección rusa | der russische Schnitt* en sus *Unités*.[10]

Pero será la Villa Savoye el ejemplo perfecto para cerrar una época. Igual que el Partenón, en ella resumirá todo lo que venía fraguándose desde hacia trescientos años [*leer* En torno a Galileo, *de Ortega y Gasset*], a la vez y el mismo año que el Pabellón de Barcelona.

El año 29, año 30 será el fin de la Edad Moderna, no el principio como algunos han llegado a pensar.

Ahora *kubus* toma todo el sentido, pero es este otro camino muy diferente.

Es el momento de la *cubierta jardín*.

El habitante se ha adueñado de la cubierta.

Vive en otro plano horizontal y disfruta del sol y el aire libre. Cuando alguien va allí, quiere quedarse.

Nadie desea irse.

Esta vez, la supuesta silueta parece *cube*.

---

[10] Sección rusa. Descubrimiento que realicé gracias a las conferencias de cátedra del profesor Javier Frechilla, a quien debo esta reflexión.

Pero no lo es, porque algo molesta a Le Corbusier y la peineta, más alta e importante de lo que casi siempre recordamos, asoma como *solario | sonnenterrasse* convirtiéndose en realidad en una espadaña. La Villa Savoye es más compleja de lo que nos pudiéramos figurar y como las grandes obras de arte nos hipnotiza, juega con nosotros haciéndonos creer que hemos visto algo que en realidad no está o lo contrario que existe y no lo vemos.

Esta casa patio flota pero está sujeta por pilares blancos.

El cuerpo bajo se retrasa pero entramos por una fachada plana y simétrica.

Lo más importante solo lo vivimos, no siempre lo vemos.

Nunca ante el mejor plato el hambriento halaga al cocinero. Solo lo engulle dejándolo vacío. Cuando hay mucho tiempo para las complacencias durante la comida, tal vez solo se trata de falsa cortesía. Tal vez escaso apetito. John Berger nos recuerda que es en la mesa del burgués donde se fraguan todos los dramas. Nunca en la mesa del campesino.

Le Corbusier no sigue el *Neoplasticismo*.

Ve de lejos los movimientos que se desarrollan en Netherland, incluso coquetea con ellos en algunos momentos *Nestlé Flagge*, pero su alma francesa le mantiene en el *Cubismo* y su familia purista.

Mies es diferente.

Le Corbusier, como se ha dicho, se inicia en la dureza del hormigón de Auguste Perret, y coincide con él, aún no *'van der'*, en el estudio de Peter Behrens. Mies, su contrincante, nunca aplicará la transparencia fenomenológica [*ver Collin Rowe**].

En Mies solo existe la transparencia literal.

Conocida su formación proveniente de Schinkel, será en sus edificios americanos donde esta aparecerá con mayor claridad.

Partiendo siempre de la posición de sus pilares, nunca aceptará un número par.

3, 5, 7 es la norma.

Aprovecha a Piet Mondrian para sus casas de muros en Alemania, pero los abandona a todos.

Su familia, el *Neoplasticismo*, Barcelona, la *Bauhaus* de su propiedad y Europa.

Todos quedan a merced de su fatal destino.

Mies va a América, huyendo, a la búsqueda de la transparencia. Tanto es así que la vemos incluso cuando no existe.[11]

Nueva York será la gran oportunidad. En Manhattan, Mies demuestra su maestría ante el Lever House, que le espera. Atrás queda Chicago y sus primeros experimentos. Mira de nuevo a Sullivan en su obra cumbre.

En Nueva York, la capital de los rascacielos, Mies construye en bronce el edificio Seagram y una vez más aparece *kubus*, a la manera de Chicago. Palacios de vista inversa, en donde la cubierta no existe.

Solo la cornisa.

Descomunal para ser apreciada a distancia y necesaria por la extraordinaria altura del bloque.

Es *Strozzi* de nuevo.

La enorme diferencia entre este y el ejemplo más refinado de la antigua arquitectura neoyorquina, el rascacielos Chrysler es precisamente la cubierta.

Tanto el edificio Chrysler como el Empire State son de la vieja guardia.

En ellos la cubierta es chapitel. Esta silueta forma parte del mundo religioso.

Tal vez fuera Flatiron el primero en cambiar las cosas trayendo de Chicago y Florencia el nuevo *Rascacielos | WolkenKratzer*.

Aprovechando su puntiaguda planta, a la manera renacentista, cubierta de la razón y no de la devoción.

Kubus.

---

[14] Como ha demostrado el profesor Juan Coll-Barreu en su artículo dedicado al IIT. MAET 1.

Conclusión,

kubus ha llegado hasta nosotros por tres caminos diferentes.

Es importante distinguir cuáles son. Solo de esta forma podemos saber para y *por qué*, hacemos las cosas de una u otra manera.

Por decirlo en términos biológicos; a qué especie pertenecen nuestros proyectos en la evolución inevitable de todo lo que existe.

La línea se dibuja, rápida a veces o despacio muy despacio.

Puede haber periodos de estancamiento muy largos o muy cortos, pero al final, el río continúa.

Hoy se dibujan cosas, objetos, pero no *casas / häuser*.

He comprobado que existe un profundo desconocimiento generalizado en la elección de las formas. Algo parecido al olvido continuo del origen de las palabras que usamos.

No parece importar demasiado la etimología y eso lleva a la pérdida de la claridad, también de la sinceridad.

Sincera es la persona.

Sin/cera es la piedra verdadera.

Demasiadas veces nos sorprende saber lo que en realidad estamos diciendo.

La pregunta es,

¿Sirve de algo conocer de dónde proceden las palabras?

¿Dónde nacieron las herramientas que usamos?

Esencial.

Cuanto más investigamos, más natural nos parece el proceso.

Cuando recorremos la región de Borgoña en Francia y vamos paso a paso observando al recorrer el Románico que se va tornando poco a poco *Gótico*, comprendemos cómo los procesos son lentos y confusos, que los saltos en el tiempo no existen y que un adelanto lleva fraguándose mucho tiempo.

No es conveniente olvidar y muy importante transmitir.

En palabras de Montagne:

¿Si sólo yo lo sé, de qué sirve?

Dejemos claro que el posible conocimiento que podemos adquirir se obtiene en un camino personal, donde es vital elegir a quién se mira.

El arquitecto perdió la Academia, pero ganó su libertad.

'Liberal man'.

A ello se referían Alison & Peter Smithson cuando se alejaban de los poderosos CIAM.

Y ahora estamos en la misma situación.

Sería bueno que dejáramos este MANIERISMO SOFOCANTE.

3.

LA PUESTA EN MARCHA
DIE FUNKTION

LA PUESTA EN MARCHA / *DIE FUNKTION*
es la condición 2

Es evidente que la arquitectura trata sobre lo útil.

No son objetos lo que resulta de ella.

Para ser vivida, es decir, *puesta en marcha*, la arquitectura tiene que ser percibida desde la vista del hombre.

A pie.

Es la ciudad la que se observa a vista de pájaro, como Tintoretto, como Breughel. La casa se usa desde abajo y hacia arriba. Como el cine de Mélnikov, donde los espectadores estaban tumbados. Y es ahí donde aparece la cornisa, impresionante voluta que transforma la imagen de la casa. Por ese motivo, lo primero es corregir la visión para poder entender cómo se usa ese artefacto que llamamos *Haus*.

El arquitecto proyecta consumibles que no se agotan. Pensemos en los grandes cocineros y su efímero arte que únicamente tiene sentido si el producto realizado es finalmente pulverizado, consumido, para volver a empezar. Una habitación puede ser el ejemplo fundamental de la historia de la Arquitectura.

La arquitectura no se come.

LOOS lo demostró con su propia casa.

Solo con dos estancias lanzó un manifiesto que quedó incrustado en la mente colectiva de forma indefinida.

La habitación sin luz no es más que una prisión, es el espacio de la tortura. Entre los ejemplos que conozco, tal vez el que mejor exprese su función en el *tormento* sea el Museo del Holocausto-Nazi en Berlín, de Daniel Libeskind.

Quizá alguien haya calificado a este arquitecto de superficial, pero en este edificio demuestra un conocimiento indiscutible. Dedicado a la más baja de las inclinaciones del hombre, el Museo comienza por ser un edificio sin entrada, es decir, rémora de otro. El acceso es duro y difícil. Agrupa al visitante hasta que, por obligación, produce un rebaño denso y agobiante. El edificio pone en situación expectante. Una vez dentro, el visitante espera ver fotos terribles, pero solo es capaz de recorrer el edifico sin mirar las fotos. El camino se va haciendo cada vez más temible y poco a poco la sensación de náusea penetra en él. Los planos inclinados, las ventanas torcidas, la oscuridad sin remedio, el sonido metálico y aplastante, las ranuras imposibles de cruzar, los espacios sin escapatoria y a medio camino, el relax de un pequeño jardín que te recuerda que la vida existe para volver a quitártela inexorablemente porque no hay más remedio que volver a entrar para encontrar una escapatoria.

No en vano Libeskind es de origen judío y sabe de lo que habla.

El visitante con nervioso pulso busca la salida y al llegar a su sofocante final, trata de preguntar a su acompañante si ha visto alguna imagen. Este, por supuesto, no ha podido. Tengo la sospecha, solo puedo decir esto, porque espero no volver a entrar nunca en esa cámara de los horrores, que las fotos son dulces y deliciosas, ya que no es posible fijarse en ellas. Sostengo que el proyecto de Libeskind es una obra maestra de la arquitectura contemporánea. Una obra profunda e inolvidable, pero pensada para la vida imposible del hombre. Y este era el mandato.

El Museo cumple.

Llegado a este punto es necesario analizar qué mecanismos pone en marcha el arquitecto para producir espacios dedicados a la *no vida* y el primero, aunque parezca mentira, es un cuadro torcido. Nada hay que pueda ser más exasperante. La ventana inclinada desquicia dan ganas de enderezarla continuamente en un acto imposible.

Peor si solo está ligeramente mal colocada.

Si miramos un suelo inclinado que huye de lo más razonable, el plano horizontal, tal vez nos parezca muy bello, pero bastará un tiempo corto hasta que nos resulte insoportable.

La topografía interior a la búsqueda de la revista. Vendo exclusiva.

Recuerdo un viaje a Francia. En un hotel encantador de estructura de madera, con un solo rellano que daba a una escalera y una sola habitación por planta. Al subir por aquella escala empinada y torcida se encontraba una luminosa habitación de suelo inclinado y un armario calzado para recuperar la horizontalidad.

Salí.

Al caer la noche, de vuelta y de nuevo subir por aquella escalera con una mala luz artificial, la experiencia era bien diferente. Todavía no era consciente de lo que se avecinaba. Al llegar a la habitación, era un sexto piso, solo procedía intentar dormir. ¡Horror!

Estaba tan torcida como el suelo.

Mi pensamiento fue: *No ocurre nada*. Al amanecer después de una noche en blanco, abandoné el hotel *torcido*, mareado y sin capacidad para el merecido *petit déjeuner*.

Un plano inclinado es muy peligroso. No se puede arreglar y dura eternamente ¿Y si son las paredes? Pisa, la torre inclinada por excelencia, que antes, no sé ahora, se podía recorrer por el exterior. La sensación de seguridad que se obtenía al recorrer la parte favorable se oponía frontalmente a la de horror al vacío en la parte desfavorable a la gravedad del círculo. Solo una vuelta ya era suficiente.

Uno de los ejemplos más desafortunados de esto es el edificio Kio en Madrid, que además es simétrico. Mantengo mis esperanzas de que sólo sea uno. Otro caso, muy diferente en cuanto a su calidad, pero con ciertos toques de maldad, es el Auditorio de Oporto de Rem Koolhaas. Gran planta, que a todos nos embelesa, por su condición egipcia. Objeto impactante en la plaza.

Una piedra.

El espacio vacío de la planta, la habitación diáfana, es agradable pero inaccesible para quien se acerca indiferente. Completamente distinto a la amabilidad con la que el arquitecto que te lleva de la mano a la Gran Sala en la Filarmónica de Berlín.

Hans Scharoum, un expresionista convencido, sabía que no se puede jugar con la *funktion*.

Rem Koolhaas hace del acceso y los recorridos un laberinto que termina produciendo escenas que alternan lo dantesco y el humor. Familias que protegen a sus bebés, no saben por dónde escapar con su pequeño cochecito. Personas abrazadas a otras mientras bajan escaleras de gran pendiente, todas inclinadas porque en planta componen bien.

Gente desorientada.

Pero si preguntas... todo está bien.

Me sorprende.

El edificio meteorito cae sobre la ciudad de Oporto dejando desierto su entorno de toda vida al clamor del *skate*, algo que casi nadie con dos dedos de frente practica. No queda un árbol vivo alrededor, y eso que es fácil prolongar el gran parque que le rodea. El arquitecto no admite el disfrute real de aquel que usa el edificio. No es lógico un planteamiento que da tanto valor a un simple pavimento.

La estrella no cree en el árbol.

Austria sí. Aquí se vive en los bosques, en los ríos, en las montañas. La visión del paisaje es sorprendente, más variado de lo que el viajero espera. Llanuras y colinas como Italia, campos trabajados que parecen alfombras, árboles y montañas sobre valles planos por los que discurre el agua, junto a construcciones sencillas, realizadas con el material más directo, la *madera / holz* que no transmiten ninguna sensación de presunción. Ríos caudalosos y paredes de piedra increíblemente verticales, que caen sobre lagos grandes y pequeños. Los pequeños son aún más bellos, donde se nada en agua que puedes beber como si fuera de botella. Vine aquí para ver la arquitectura moderna y llego a la conclusión de que la naturaleza desencadenada obliga construcciones seguras para descansar protegido. El río que veo todos los días, *Drau*, da una curva perfecta. Siempre la misma intensidad. La corriente nunca descansa. Veo la curva que traza todos los días.

Veo cómo se va.

¡He visto correr enormes troncos por él!

Cuando he tratado de nadar contracorriente, he sentido su fortaleza.

Nada puede con él.

El Drau es muy diferente al Donau.

El primero, el que veo ahora, es poderoso pero estrecho. El Donau
es inmenso. Realmente una frontera de agua que baja, sin embargo,
tranquila hasta que estás dentro. Ahí descubres su poder. Los már-
genes son muy distintos. El norte, que es el sur en realidad, va hacia
la llanura y tiene colocadas las pequeñas poblaciones mirando al
sol. En todas, una torre de aguja, a veces pintada de azul, quizá de ahí
venga el nombre y su fama, *Danubio Azul.* El otro lado, más boscoso,
un gran paseo de bicicletas que siguen la inteligente pendiente del
río para no hacer grandes esfuerzos. El rey, *Die blaue Donau* [verde en
realidad], pero de una gran belleza, donde surcan ferris con turistas,

pero sobre todo mercancías. Ahí entiendes, que aún tiene sentido ese transporte capaz de acarrear de forma económica miles de toneladas, con unos paquebotes muy largos y muy apretados contra el agua.

En silencio.

Aquí el silencio existe realmente.

Observo el movimiento del río, incansable, y me doy cuenta de que es muy diferente vivir frente a uno de ellos que mirando a un lago.

Inquieto, no puedes pasar tu vida frente a uno, tampoco ante una montaña.

Siempre están ahí, iguales a sí mismos. Es diferente frente al mar o junto al río.

Prefiero su movimiento.

Aquí hay además numerosos castillos, famosos *schloss*, vividos.

En muchas ocasiones colocados en lugares estratégicos, auténticas postales. En otras, simplemente controlando grandes fincas de cereales y ganado.

Sus dueños suelen creer que son *nobles*, condes o marqueses.

He conocido alguno.

¡Curiosa gente!

Restos de una aristocracia que todavía piensa que existe y que vive en paralelo en un país, *Österricher Republik*, donde los títulos están prohibidos.

La República no puede convivir con los aristócratas cuando son poderosos. Su sentido de la vida es conceptualmente opuesto. Sin embargo, la sociedad los respeta en el margen, como a la religión, aunque no sé si la cumplen.

Por aquí existen imágenes de santos y crucifijos por todos los caminos, con flores en lugares olvidados, pequeños, discretos.

¡Qué gran error son las cruces demasiado grandes!

Me pregunto,

Y esto... ¿Qué tiene que ver con la funktion?

¡Mucho!

Porque una de las cuestiones más importantes a resolver en Arquitectura es la *Representación*.

¿Qué es algo?

¿Cómo y por qué se caracteriza?

Por supuesto, sin necesidad de poner letras.

Imaginemos por un momento que a la catedral de Nôtre Dame alguien le colocara un cartel, por bien diseñado que este estuviera. La iglesia se acercaría en su condición al comercio, como una ferretería con imponente fachada gótica. La arquitectura tiene que resolver este problema, como lo hace la naturaleza.

No confundimos un gallo con un pavo real.

Me llamó la atención la construcción en madera que vi en Franz Dulling gasse n° 57. Entre las arquitecturas modernas que he descubierto en Austria está una simple nave realizada en madera quemada por el sol, permanece tranquila en las afueras de Klagenfurt. Sin embargo, de repente, asombrosa sobre *kubus* aparece la esquina.

Franz Dulling gasse n° 57.

Es una cita expresa a Brancusi.

¡Qué manera tan bella de resolver la vuelta de la casa!

Es pura lógica.

Simplemente una costura.

Desde entonces he decidido ponerme la ropa al revés. Como los bolsillos vaqueros

¡Costuras fuera | Sichtbare Nähte!

En esta pequeña obra del estudio Ortner & Ortner sí se trata con su cultura y se acercan al arte de forma sutil. *Ortner*, que ahora trabaja

en Berlín y Viena, nació a la arquitectura en 1965, tras terminar sus estudios en la Universidad de Viena. Junto Günter Zmp Kelp y Klaus Pinter funda La Comunidad de Artistas Architect Haus-Rucker-Co, donde participó hasta su disolución en 1992 en grandes exposiciones, alguna de ellas en la Documenta de Kassel. A mediados de los años ochenta, su interés se volvió cada vez más hacia la construcción y la realización de proyectos de arquitectura. Disuelta la Haus-Rucker-Co, Ortner comenzó a dirigir junto a su hermano Manfred la oficina Ortner & Ortner que desde entonces desarrolla múltiples proyectos. Durante los años 1976 a 1987 Ortner fue profesor en la Escuela de Arte de Linz y de 1987 hasta 2009, en la Academia de Arte de Düsseldorf. Con su hermano, Ortner & Ortner diseñó el grupo de Museos de Arte Moderno de Viena Museums Quartier, dos edificios que se olvidan con rapidez. Más tarde proyectaron lo que constituye la Biblioteca de Sajonia en Dresde, *Gebäude der Sächsischen Landsbibliothek in Dresden*. Hoy en día Ortner es miembro de la Asociación de Artistas MARZO.

Su obra no es fácil de clasificar, *diferente*, en determinados momentos incomprensible, otras equivocada, siempre extraña. Es un placer descubrir artistas que recorren tranquilamente su camino, mirando poco hacia los lados.

Cuando llegas a *Franz Dulling gasse nº 57* y descubres *kubus*, en este caso, ves inmediatamente que se trata de una obra nueva. Desde la lejanía nada es percibido. Solo muy cerca, como es necesario ver *La Gioconda*, se encuentra aquí la belleza. Muy parecida a otras, pero al mismo tiempo muy diferente.

Colocada en una zona industrial, esta construcción es una pieza sencilla. Un apilamiento de madera quemada por el sol, como tantas otras, que sin embargo encierra un patio donde vivir, lleno de detalles encaminados al confort. En esta obra se atisba toda una filosofía de progreso, que en parte es un mirar atrás.

Y pienso:

¿Por qué es Brancusi el elegido en esa curiosa esquina?

Pocos escultores como él fueron capaces de hacer piezas tan impresionantes con tan poco.

Tal vez solo con un hacha por herramienta.

Repetidas una y otra vez las mismas ideas, como Giacometti, sin posible detención. Ellos no andaban preocupados, *por qué / was*, ni *quién / wer*, ni si será adecuado, obligado.

Solo, *sí será*.

Brancusi, origen Pestisani Gorj, dentro de una numerosa familia campesina, trabaja como pastor desde los siete años de edad. Sin estudios básicos, aprende a leer por sí mismo. Entre los nueve y once años combinaba su trabajo como ayudante de una tienda con su afición por las tallas de madera, parte importante de la cultura popular de su país.

Un día llama la atención de un filántropo, que le paga sus estudios en la Escuela de Arte y Oficios en Craiova. Allí permanece entre 1894 y 1898. Desde este último año, continúa sus estudios en la Escuela Nacional de Bellas Artes en Bucarest hasta 1901. Dos años después, consigue su primer encargo, un busto del general rumano Carol Davila. Y mientras lava platos en un restaurante y canta en ceremonias de la iglesia ortodoxa rumana, paga sus nuevos estudios. Como estudiante de arte coincide con Auguste Rodìn.

Pero es en 1909 cuando conoce a Amedeo Modigliani con quien trabaja durante un año.

En 1912 el Salón Oficial de Bucarest le otorga el primer premio de escultura y participa en la exposición de los *Independientes en París*. Un año después consigue presentar en Nueva York su obra *Mademoiselle Pogany*. Ahí comienza su triunfo. Mundialmente famoso, vuelve a Rumanía en 1924, donde vive en su pequeña casa de *madera | holtz*, hecha de troncos. En 1952 se convierte en francés y dona al Museo de Arte Moderno de París su taller, que contiene casi cien esculturas. En 1955 presenta su obra completa en el Museo Guggenheim de Nueva York. Escultor, o mejor tallador de maderas, volcará su vida sobre múltiples intereses: la ciencia y la música formarán parte de su actividad cotidiana. Como violinista, nunca olvidará sus raíces rumanas. Su vida de aparente anacoreta se contradice con su don de gentes, que le permite trabar amistad con todo el círculo de artistas e intelectuales del París de aquellos años que convivieron con él: Erik Satie, Marcel Duchamp, Picasso, Guillaume Apollinaire o Emil Cioran.

Brancusi, en París, el 16 de marzo de 1957, murió como francés y su tumba se colocó en el cementerio de Montparnasse. Sus obras,

extremas, pasaron de la condición más primitiva a la más refinada. Su aspecto difícil no parecía encajar con la celebridad que en realidad era.

Como sus esculturas, *La torre sin fin*, monumento instalado en Rumanía, objeto hecho de forma obsesiva por él, en múltiples ocasiones, me recuerda el hombre que camina de Giacometti.

Una idea repetida pero inalterable.

Y ¡ahí está!

En esa esquina.

Recordándonos que el arquitecto es más un filósofo que un técnico y que todo arte es un mensaje y la arquitectura como la literatura existe para hablarnos.

No es tan fácil resolver la esquina de un edificio. El carpintero siempre quiere la moldura, el arquitecto *no*. Este solo acepta la media madera, a veces la nada. Pero ese vacío es imposible.

¡Lo he visto!, grita el técnico.

El carpintero lo mira como a un ser extraño, no dice que no, solo piensa. ¿Si tiene dinero?... Y luego se va a su casa tal vez cavilando... ¡Qué aprenderá esta gente, en esas escuelas!

La moldura está más cerca del ahorro que la ausencia de ella.

¿Cuánto dinero tengo?

¿Cuánto necesito?

Poco.

Entonces,

¡Arquitecto, coloca la moldura y no te preocupes tanto!

La esquina de Brancusi es una cita, pero sobre todo es un deseo. El arquitecto los ha de incluir en su trabajo. Sin embargo, es necesario hacerlo de forma acertada. Y si no es así, solo queda... llorar.

Kubus es adecuado aquí.

Por tanto, un adelanto.

Pero en la conversación que es la ciudad hay que usar las palabras ajustadas ante las preguntas recibidas.

Olvidemos las frases *excesivas | mablos.*

El público lo observará con asombro, pero lo olvida con desinterés.

Pienso en todo esto y me inclino hacia las soluciones más sencillas. Llegué aquí, ahora me doy cuenta, con un empacho de formas y un malestar que tiene que ver con los errores que se siguen cometiendo en la enseñanza y en la práctica de la arquitectura.

Últimamente se habla continuamente en España sobre el futuro negado.

El grupo punk por excelencia Sex Pistols lo gritaban hace casi treinta años: *"Don't Future for You".*

Pero el futuro es inevitable.

Simplemente es una tontería decir que no existe, lo que ocurre es que cada día tiene su afán y queremos adelantarlo.

¡Y si no hay futuro!

Será mejor relajarse y pensar.

¿No será que tenemos que construirlo... un poco más simple?

¿Más repartido?

Tengo claro que debemos vivir de otra manera, sin perder nuestros valores, incluso buscarlos porque andan guardados, poniendo en su sitio determinadas influencias que nos traen de cabeza.

¡Más calma!

Entre muchos de los arquitectos que conozco, llego a la conclusión de que casi ninguno debe tener una familia, ni grande, ni pequeña. Y tampoco conocidos que le soliciten una casa que estos consideran *normal*.

Y tal vez, lo sea.

Una casa que atienda a sus *gustos*.

Con su tejado, su puerta y su ventana.

Con su porche y sus contraventanas.

Parece [*me refiero a algunos de los arquitectos que conozco*] como si nacieran de la nada y sus relaciones fueran solo y para ellos.

Y esas casas tan simples,

¿No se pueden hacer bien?

Veo con horror algunos *Trabajos al final de una titulación* en determinadas universidades, con propuestas y cuestiones imposibles de resolver,

*Enormes centros de transportes; construcciones increíbles en Petra, en Tanzania, con la presunción del europeo. Edificios *Híbridos** [*palabra a retirar*]

¡Yo no quiero ser híbrido!

Plataformas petrolíferas que son un convento de monjes en China por donde pasa una autopista

¡Pero si la Arquitectura más importante del momento actual es una capilla mínima en medio de un campo labrado de *patatas | kratoffeln*!

La capilla de Zumthor en Köln.

¡Escuelas de Arquitectura, cambiad ya!

El último trabajo, ¿puede ser 'la casa de la madre'?

Pero debo terminar con *Rem Koolhaas*.

A quien lea este escrito, si va a Oporto y visita su Palacio de Congresos, recuerde:

> "No quede allí y menos con su amada/O alrededor de las 4 de la tarde, con el sol pleno de verano, no sea que ella o él lleguen tarde, porque entonces estará perdido. Seguro que sin más remedio se verá obligado a esperar debajo de la "escalera / embarque" que sube al "edificio / nave". Allí su imagen se derrumbará, ante él o ella, pasando a ser, a la vista de todos, un indigente, muy poca cosa, hay indigentes impreionantes,debajo de un puente, porque no tiene donde guarecerse.
>
> Entonces él o ella se irán".

Rem Koolhaas es un pensador.

Pero *quiero* poner en evidencia nuestra postura.

La crítica no es tanto a él como a *nosotros*.

Su figura ha conseguido influenciar a todos.

Y todo a raíz de sus grandes éxitos.

No sé si tantos conocen o recuerdan sus inicios.

Obras menos pretenciosas.

El problema para nosotros está en su pensamiento.

Heredero directo de la fortuna que supo aprovechar de Le Corbusier y formado en la *AA*, parte de una posición opuesta a nuestra cultura.

Como el nieto del noble que lo recibe todo... una gran bodega llena de espléndidos reservas, él se bebe todas con su enorme capacidad.

Sagaz como pocos, nos enreda con un libro que escribe de joven,

Delirious New York, que es un tratado sobre los dispendios del capitalismo en Occidente.

El edificio *híbrido*.

Nunca he entendido esta fascinación.

Más híbrido que *Orsanmichele* que fue almacén y mercado a la vez que iglesia. Impresionante edificio con dos salas idénticas y dos altares.

El espacio gemelo que admite el culto unitario de forma duplicada.

Imagino dos misas a la vez.

¡Jamás he visto nada parecido!

El espacio que está partido en *2*, por una línea de columnas, ahora alberga un museo sobre la doble capilla.

Orsanmichele, dialecto toscano, de ahí su nombre, quiere decir *Huerto de San Miguel*, ya que fue construida sobre el terreno donde se encontraba el huerto del desaparecido monasterio del mismo nombre.

Construcción ubicada en la ciudad de Florencia en la Via Calzaiuoli en 1337 por Francesco Talenti, Neri di Fioravante y Benci di Cione, originalmente como mercado de granos. Entre los años 1388 y 1404 fue convertido en iglesia y usado como capilla por los más poderosos gremios de artesanos y comerciantes de Florencia.

En la planta baja del edificio están los arcos del siglo XIII que originalmente formaron la logia del mercado y que ahora es iglesia. El segundo piso se dedicó a los oficios, mientras el tercero albergaba uno de los graneros municipales, mantenido en caso de hambrunas o estados de sitio. A finales del siglo XIV se ordenó a los gremios encargar estatuas de sus santos patronos para embellecer la fachada de la iglesia.

Las esculturas que se observan en la actualidad son réplicas, puesto que las originales se encuentran en diferentes museos. En su interior seis pilares cuadrados y un techo abovedado producen un espacio que se encuentra entre los ejemplos más extraños de la arquitectura en Florencia.

En la parte baja de los pilares del lado norte, aún se aprecian los agujeros para el grano, reminiscencia del primitivo uso de la iglesia como granero.

Usos cambiantes en el tiempo.

Híbrido.

Rem Koolhaas es un poderoso inventor de espacios. Sin embargo, es lo más parecido al contemporáneo *Flautista de Hamelín*. Por no pagarle adecuadamente, *se llevó a todos los niños al río*.

Construcciones por los que puede pasar un tren, centros culturales en nudos de autopista, edificios *universo* con astros dentro y desiertos como Agadir.

Fábulas y música que se dibujan con un encanto, pero que pertenecen a sueños, donde la fantasía tiene siempre el lado oscuro.

Es en mi opinión un inspirador, pero peligroso en su *copia*.

Ante él se pierde la personalidad y con el tiempo todo esto resultará ridículo. Ya lo he visto en otras ocasiones. Quien cayó en la trampa lo negará tres veces antes de que cante el gallo.

No creo que él tenga el menor interés en que le sigan, pero si es así, esa supongo que es su penitencia.

Y si nos encontramos como arquitectos con la vida, tendremos que repensar las obras que hagamos.

¿Por qué, no es el suelo techo?

Eso es el *Kärtner* Bar de Adolf LOOS.

Sin embargo, Rem Koolhas va más allá.

Hipnotiza a todos y no se deja ver. El problema no es suyo, *es nuestro*. Inteligente, pero huidizo, nos abandona boquiabiertos, mientras creo que ríe cuando cambia solares por *dinero* ante la Mezquita de Córdoba, la única que no está orientada como las demás.

Este impresionante ejemplar, que es bueno recordar, se inicia en el siglo VIII.

Por su tamaño, veintitrés mil metros cuadrados, es la tercera mezquita del mundo. Cerrada por fuertes muros coronados de almenas, esconde un lugar asombroso en su interior.

Tal vez el más bello edificio de España.

Allí de una vez, se ve reunido el drama de culturas que es nuestro país. Catedral al mismo tiempo, incluye todos los elementos agregados durante los nueve siglos que duró su construcción. Aportaciones hispano-romanas y visigodas, influencias sirias, persas y bizantinas, de estilo califal, que pervivirá a través de los reinos de taifas, en el arte nazarita y a través de los reinos cristianos en el estilo mudéjar y mozárabes.

La construcción de la Mezquita fue iniciada por Abderramán I en el año 785, sobre los restos de una iglesia visigoda. Para ello se inspiró en una mezquita omeya de Jerusalén. El resultado de esta primera etapa constructiva fue una armónica sala de once naves con ciento diez columnas de mármol y granito con capiteles romanos paleocristianos y bizantinos. Sobre ellos, una doble serie de arcos de herradura y medio punto que constituyeron una novedad arquitectónica sin precedentes.

En el año 833 Abderramán II la amplía, añadiendo ocho arcadas. Las columnas que la sujetan son de mármol blanco procedentes del teatro romano de Mérida. Once capiteles son árabes y el resto son romanos y postromanos. En 961, Alhakém II aporta los mayores tesoros que hoy tiene la mezquita: el *Mihrab*, con su exuberante decoración en mármol labrado y la cúpula octogonal central de arcos entrelazados de la Kliba. Pero la última y mayor ampliación se debe a Almanzor, que en el año 987, casi dobló su tamaño. De esta época son las columnas de mármol azul con capiteles compuestos y las de mármol pardo rojizo con capiteles corintios. La Mezquita de Córdoba presenta adicionalmente una singularidad que la diferencia de las del resto del mundo: su *orientación*, pues no mira a la Meca. Abderramán I quería mirar a Damasco, pero sobre todo se consideraba el verdadero soberano del mundo musulmán.

Ese tema no parece importarle a *OMA*.

Ellos van muy rápido.

Office for Metropolitan Architecture, OMA, es tal vez la mayor influencia contemporánea, pero *"no es mi cultura"*.

Tampoco lo son la firma Herzog & de Meuron. ¡Aunque, tal vez más!

Desde unos comienzos impresionantes, marcados por el filtro de la *Tendenza* italiana abriendo el camino que esta debiera haber seguido y mezclados con la dosificación del material en cada obra y su extremaunción, tomada de Joseph Beuys, H&dM pasan por etapas sorprendentes llenas de inspiración. Golpes en la cultura de verdadera importancia.

El almacén de Caramelos Ricola es otra vez un palacio Italiano.

¡Qué valioso es este grupo de arquitectos cuando miran hacia Italia!

Su inevitable vertiente suiza, alemana, luterana, en mi opinión, es peor.

Esa manera de entender la herencia de Aldo Rossi, de llevarla hacia adelante, su forma de arrastrar lo aprendido abriendo el camino, es en esta obra *Almacén Ricola* un ejemplo imprescindible de brillante arquitectura.

Con tablas y molduras cuadradas, con alero señorial, te llevan a un mundo sin tiempo, donde lo actual encaja a la perfección con la historia.

El éxito de tantas obras es difícil de llevar y esto se nota en sus últimas obras y aunque creo que su Elbe Philharmonic Hall de Hamburg parece interesante, no sé, algo me ronda por la cabeza.

Me suena | Es kommt mir bekannt vor.

Es como esas canciones que crees haber oído ya.

Siempre la fortuna se cansa de llevar a los hombres a cuestas.

Aparece entonces una cuestión inmediata,

¿Es también *funktion* la construcción de la Fachada?

En dos ocasiones he tenido una impresión de absoluto magnetismo hacia esta.

En su visión *plana*:

Santa Maria Novella, de Leon Battista Alberti, en Florencia y la Casa Steiner de LOOS en Viena, cuando nos mira hacia el jardín.

Luego ha habido muchas más, pero en esas dos ocasiones sin ser muy consciente, ahora lo pienso, sabía que me encontraba delante de algo inabordable.

Realmente un hallazgo.

Leon Battista Alberti pienso que nos dice, "La fachada de la casa es como una tabla de multiplicar que se puede leer"

Pero también es un anuncio publicitario.

Santa Maria Novella es matemática en estado puro.

La llamada a los fieles se resuelve con el uso de la caligrafía geométrica.

No existe fachada más bella, más elegante y, sobre todo, igual que ocurre con la fotografía de Niépce, es de forma genuina... la *primera*.

Lo que ocurre con la Casa Steiner de Loos y su fachada al jardín es algo parecido.

Es otra vez la *primera*.

Fue el centro de atención y de ella surgirán las grandes y enormes fachadas planas posteriores. Guseppe Terragni en la Casa del Fascio en la ciudad de Como, Le Corbusier en Garches... y tantas otras.

Todas expresan su función como un libro de instrucciones.

Pero Alberti dibuja sobre un lienzo ciego, recordando que es dentro donde se produce el hecho transcendente. Giuseppe Terragni describe con su retícula la planta del edificio y la plaza interior que produce el edificio y Le Corbusier, con sus trazados reguladores, utiliza la fachada como una pizarra para enseñarnos cómo se debe componer un plano.

H&dM son perfectos.

¡Demasiado perfectos!, como su país.

Suiza está limpia y peinada.

El césped recortado y los rebaños de vacas colocadas con sus cencerros afinados, que dejan de sonar al ponerse el sol.

Rodeada de montañas, muchas veces colinas donde todos querríamos tumbarnos, si no fuera porque el vecino más próximo llama a la policía o te cobra un *tax*.

Si entras en Suiza en coche, nada más llegar, como no son *European People*, preguntan:

¿Algo que declarar?

Pregunta asombrosa e ingenua, tal vez signifique "Buenas tardes", porque si llevara algo ilícito, no se lo diría. No creo que se lo pregunten a todo el mundo.

Inmediatamente, te instan a pasar por taquilla, como el que entra en el cine, previo pago de *50 Francos Suizos*. Si no los llevas encima te vuelves a casa.

Suiza no es un país normal.

¿Cómo pudo permanecer neutral en la Segunda Guerra Mundial estando en el centro de todo?

¡Da que pensar!

Los germanos e italianos se volvieron locos, pero creían en su bando, *asombroso...* pero humano.

Gracias al cielo, Winston Churchill los frenó. De milagro convenció al amigo americano, el buen Franklin Delano Roosevelt, que no era tan bueno como parecía, porque no entró en el conflicto hasta que los japoneses destruyeron *Pearl Harbor* —no sé si porque por equivocación, tal vez pensaron que *Hawái* era inglesa— y mientras tanto Francia, *la Grande France*, dejaba que sus queridos vecinos se instalaran en París.

¡Ahora!

Tampoco nosotros nos libramos, porque estábamos en el bando equivocado, sin estar. No entrar en esa guerra guardó la mayoría de nuestros monumentos, pero nos retrasó más de cincuenta años de pensamiento.

Como decía, H&dM son perfectos, muy perfectos.

Siempre juntos.

Me pregunto,

¿nunca se enfadarán?

Es asombroso pensar, cómo discutían dos verdaderos artistas como Vincent van Gogh y Paul Gauguin hasta el extremo de herirse.

Mies dijo: "Dios está en los detalles".

¡Y muchos se lo creyeron!

Como le hicieron caso en todo, tal vez él sólo hablaba de sus detalles. Al caer en la trampa preparada, para que terminásemos fijándonos como miopes solo en ellos, dejamos de ver el conjunto.

[*Estos escritos decepcionarán a los arquitectos*].

Volvimos a entender la arquitectura como un objeto... cosificarla.

No como un *ser*.

En la verdadera no importan sus defectos, tantas veces también sus virtudes casi humanas. Porque existen *casas*,

    presumidas

    arrogantes

    delicadas

cuidadosas

abandonadas

sensatas

intolerantes

Casas falsas, engreídas, imponentes, generosas, feas, adorables, incómodas, insoportables, inestables, absurdas, locas. *Casas* heroicas, sometidas, simples, *inteligentes*.

No es lo mismo llegar al agnosticismo desde Lutero que desde Roma.

Rem Koolhaas reproduce parte del pensamiento que solo es posible en los Países Bajos.

Nosotros somos distintos.

En Ámsterdam es posible ver en una misma calle muy cerca uno de otro, una pequeña Iglesia y un espectáculo erótico en vivo, en forma de escaparate. Esa visión no deja indiferente al visitante y es desde luego, desde un punto de vista plástico, muy impactante.

¡Ahí está el problema!

El hombre del Mediterráneo no concibe eso. Aquí las cosas son de otra forma.

Las mezclas explosivas no son bienvenidas.

Algo parecido ocurre con la arquitectura.

La moral católica, incluso para el ateo educado inevitablemente en ella, induce a no mezclar usos tan dispares. En estos lugares, los edificios y las calles son de otra forma, quizá no mejores, pero si diferentes.

Ni siquiera la transparencia de la vida doméstica es posible.

Cees Nootheboom en su libro *Tenía mil vidas y elegí una sola* dice,

> "Holanda. El paisaje del norte sugiere absolutismo, como el desierto. Solo que, en este caso, el desierto es verde y está lleno de agua.

Pero carece de tentaciones, no tiene curvas ni redondeces. El país es llano, y eso da lugar a que la gente sea perfectamente visible, lo cual, a su vez, se refleja en el comportamiento. Los holandeses no se tratan, se enfrentan. Sus ojos luminosos horadan la mirada del otro y le sondean el alma. No hay escondrijos. Ni siquiera las casas lo son. Dejan abiertas las cortinas de los ventanales y ven en ello una virtud".

Nuestro carácter curioso y a veces entrometido pero "*cariñoso*", mantiene lo privado a ultranza, pero permanece alerta ante un vecino. Su vida nos interesa, aunque lo más reservado, lo que de verdad se cuida está dentro. Una mujer alemana de Köln me dijo ante mi pregunta sobre la dificultad de su idioma.

"Hablo italiano y francés, pero español *no*. El español es diferente".

Recordé los escritos de Cees Nooteboom y su libro *Desvío a Santiago*.

En él afirma:

"España no es exactamente Europa, en ella también está África".

La mujer, y eso me llamó la atención, me comentó la dificultad de pronunciar tantas palabras árabes del español.

Sigo extrañado, pero ahora lo comprendo bien

¿Por qué la familia española es tan cuidadosa en su hogar y tan descuidada con la ciudad?

Este es un error imperdonable que tenemos la obligación de corregir, pero lo llevamos dentro, arrastrándolo y no mejora.

No hace falta llegar a la perfección suiza, pero si recorremos España de norte a sur, es increíble descubrir los submundos que permanecen anclados a la suciedad de lo público y la falta de respeto con nuestras construcciones.

Somos un país antiguo, que además está olvidando la tradición.

Es hora de recuperar.

Internacionalizar lo local.

Así empezó el TEAM 10.

Olvidemos la obsesión por el mundo anglosajón, interesante, pero quizá no el primero.

Hablemos también alemán, francés, italiano, griego.

El espectáculo del español que presume de su parlamento *inglés* es ridículo. Si un holandés, por ejemplo descubriera que lo estamos haciendo, tendría la imagen de estar delante de un indio navajo alardeando de llevar en su chistera y pluma la insignia *yankee* que se acaba de encontrar.

Es tut mir leid, ich kann dieses schauspiel nicht ertrangen | Lo siento, no puedo con ese espectáculo.

En Europa, un holandés habla su idioma, inglés y si me apuras francés o italiano, y un alemán en muchas ocasiones además español. Engreírse por saber un idioma es un signo de complejo... de pobreza.

Pero se pasa viajando.

He vivido en directo cómo personas consideradas por otros de cierta talla intelectual, incluso académicos, han creído llegar muy lejos por ello y han utilizado este argumento como un valor en sí mismo.

Entonces,

¿Qué es lo importante?

¿Lo que se dice?

¿En qué idioma se dice? o

¿Quién lo dice?

¿Cómo pudo llegar tan lejos entonces Miguel de Cer*b*antes escribiendo palabras con '*b*'?

¿Cómo pudo inventar una historia que parece más real que él mismo?

La Casa de Dulcinea es muy visitada y nunca existió.

España es un país de rejas, tantas hay que llegan a producirse forjas de extraordinaria belleza.

Se da por hecho que alguien querrá entrar en nuestra casa, tal vez con la intención de verla.

En el norte de Europa esto es inconcebible. A nadie le importa absolutamente nada la vida del vecino.

Desde Suiza nos llegó lo translúcido como solución a nuestros problemas y pusimos muros de hormigón con cristal opaco detrás.

Edificios que prometían por el vidrio la silueta interior, solo fueron fachada opaca.

Otras veces el canto a lo translúcido se realizó con varias capas, tal vez con el deseo de gastar dinero y no dejar ver a aquel que está dentro.

En ese aspecto, no comprendo cómo se pueden vender coches que oscurecen las ventanas traseras y no dejan mirar al viajero y este a su vez mirar a duras penas.

Desde niño siempre asocié este tipo de vehículos a delincuentes y políticos peligrosos.

Defendamos la transparencia, literal y fenomenológica.

El afán por lo translúcido solo puedo entenderlo desde la obligación de un mercado que dicta normas sobre el *gusto*.

4.

EL GUSTO
BELIEBEN

¿Qué entendemos por *gusto*?

Roland Barthes. *Crítica y verdad.*

"¿Cómo designar este conjunto de interdictos que proviene indiferentemente de la moral y de la estética y en el cual la crítica clásica inviste todos los valores que no puede transportar a la ciencia? A ese sistema de prohibiciones llamémosle 'el gusto'. ¿De qué prohíbe hablar el gusto? De los objetos. Transportado a un discurso racional, al objeto se lo reputa trivial: es una incongruencia que viene, no de los objetos mismos, sino de la mezcla de lo abstracto y de lo concreto (siempre está prohibido mezclar los géneros); lo que parece ridículo es que se pueda hablar de espinacas a propósito de literatura: lo que choca es la distancia del objeto al lenguaje codificado de la crítica. Llegamos así a una curiosa contra-andanza: mientras las escasas páginas de la antigua crítica son enteramente abstractas y por lo contrario, las obras de la nueva crítica lo son muy poco, puesto que tratan de substancias y objetos, esta última es de una abstracción inhumana. De hecho, lo que lo verosímil llama 'concreto' no es, una vez más, sino lo habitual. Pues lo habitual determina el gusto de lo verosímil; para este la crítica no debe ser hecha ni de objetos, [son demasiados prosaicos], ni de ideas [son demasiado abstractas], únicamente de valores. Es aquí donde el gusto es muy útil: servidor unánime de la moral y de la estética, hace las veces de un cómodo torniquete entre lo Bello y lo Bueno, confundidos discretamente bajo la especie de una simple medida. Sin embargo, esta medida tiene todo el poder de fuga de un espejismo".

¿Puedo decir de una piedra, me *gusta*?

Realmente sí.

Voy por la orilla de un río y elijo una. Todas son a simple vista iguales, mayores, menores, redondas, más planas, más claras. Pero elijo una. Elegir es decidir.

En ese acto interviene la razón y algo más íntimo, lo llamaré *intuición | intuition*.

¿Qué me lleva a tomar esta u otra decisión?

¿La mirada que lanzo sobre ella o tal vez la que me lanza ella a mí?

¿Soy yo quien elige o ella a su vez?

Todo lo que existe está ya fabricado, *hecho | gemacht.*

Caminamos por un mundo de cosas terminadas [*pero, nosotros no*].

Solo tenemos que tomarlas.

Sin embargo, el hombre es inquieto y se exige a sí mismo la transformación constante, la mayoría de las veces con el fin de ahorrar trabajo y por tanto movimiento.

¿Qué es, si no, el invento del motor de explosión más que el deseo de evitar el coche de caballos, que a su vez superó al carro, que a su vez superó al animal y evitó la caminata?

Una reducción de esfuerzo y uno enorme para inventarlo y fabricarlo.

Si puedo evitar acarrear algo, consigo que alguien o algo lo haga por mí, en su caso una máquina, *mejor.*

Una vez conseguido, multiplicaremos nuestras acciones para pasar a otra.

No parece que estemos hechos para descansar.

Si *Eva*, la primera mujer en el sentido que hoy la entendemos, no hubiera implicado a *Adán* en su aventura con el *Árbol de la Sabiduría*, sin ese afán por saber más, la casa no existiría.

Decía Peter Altemberg, no yo:

"Una pareja lleva una vida plácida cuando él hace lo que quiere ella y ella hace lo que quiera *ella*".

Cuántos sinsabores nos habríamos evitado, pero cuánto hubiésemos perdido. Qué satisfacción la de superar una dificultad tras otra. Simplemente un reto. El mundo es un lugar curioso cuando arreglas un problema creas dos nuevos.

Nada queda completamente resuelto.

En sus escritos, Julián Marías nos recuerda que el español diferencia, entre "ser y estar".

Otras lenguas no.

El *ser* de Heidegger, *das sein*, no es el *estar* español.

En España, la pieza más importante de la casa se llama precisamente así: *estar*.

En alemán sería entonces, *sein*.

En España este es el único lugar público de la casa, donde se recibe al visitante.

En él están puestos todos los esfuerzos del que habita el hogar. Su gusto está presente y de alguna manera en entredicho.

"Quisiera que vinieseis a casa, pero todavía no he puesto las alfombras", oigo a veces.

Elegir para que sea querida nuestra casa por otros, para recibir la aquiescencia de tanta gente diferente, la familia, el círculo de amigos o las personas de postín es una ardua tarea. Elegir la decoración o que alguien me aconseje. Un decorador apropiado que muestre/demuestre nuestro verdadero *gusto*.

Los objetos se agolpan a la vista del extraño, da igual si son finos o de mal/gusto, en esencia es lo mismo, la cuestión es que estamos a prueba.

El descuido puede llegar a ser imperdonable.

Hice muchas casas.

Cuando las dejé todas eran iguales.

Al cabo de un tiempo, un universo se había adueñado de ellas.

Se trata de una deriva inevitable.

Y ante este vagar constante, ante la obligatoria necesidad de elegir en cada instante, aparece *el gusto*.

bueno

malo

extraño

refinado

grosero

anodino

Al gusto también se le pueden aplicar adjetivos humanizados como a la casa.

Está íntimamente unido al hombre, a su comportamiento y sobre todo a su cultura.

Solo cuando un mundo lejano impacta [*me agrede*], ese algo que vemos *es verdadero*, no una impostura.

En la India, los *Templos Jainistas* son extraños, muy extraños, para el turista occidental.

Las figuras adoradas, sus formas, sus motivos, sus colores *nos duelen*. Imposible comprender lo que allí ocurre.

Sin embargo, está claro que es algo muy serio.

Desconfío mucho de las arquitecturas que nos llegan desde más lejos, Japón, demasiado fáciles a mi gusto, a mi vista. Demasiado cercanos.

¿Qué hacen las sillas hormiga de Arne Jácobsen *en las arquitecturas de* Kazuyo Sejima?

Me intriga, *no me fío*.

No puedo quitarme de la cabeza la impresión que me producen sus trabajos, refinados y atractivos, como no podía ser de otra manera. Pero sus dibujos me recuerdan cada vez más a las líneas como alfileres que usaba Alejandro de la Sota.

Sus casas blancas y volúmenes ciegos me recuerdan a Andalucía.

Tengo la misma sensación y no lo puedo evitar cuando veo y escucho a un japonés interpretar flamenco de forma perfecta.

¡Eso no puede ser *real*!

Sensibilidad demasiado aprendida, demasiado fácil de entender.

Más natural sería que *me agrediese*, como el Teatro en Japón, donde la figura de la mujer siempre es interpretada por el hombre, que es además un señor muy formal.

Tan formal, como era Piet Mondrian, nada como ver sus retratos.

¡Ahí Japón golpea con fuerza a Occidente!

Incluso su comida.

¡Sí, deliciosa!

Pero tienes que dedicar un tiempo a entenderla y apreciarla.

Tienes que superar el salto de la cultura y querer hacerlo.

Debes entrar despacio en ella, como en la música de jazz.

En cualquier caso, no me parece la mejor para tomarla de forma cotidiana.

¿Qué va a pasar cuando nos demos cuenta de que estas figuras que nos han llenado la boca tantas veces han dejado de interesarnos?

Nada.

¿Desea acaso el torero gustar en Extremo Oriente hasta modificar su forma de hacer ante el reto de la *muerte*?

FINAL
ENDE

TODO PENSAMIENTO ARQUITECTÓNICO REQUIERE UN APOYO FILOSÓFICO

Mies miraba a Spengleer. Adolf *LOOS* a Nietzsche y a Karl Kraus.

Le Corbusier a Santo Domingo de Guzmán.

Sin embargo, si nos vamos a otra dirección en el mapa, descubrimos la curiosa relación entre un país como Austria y España. No en vano, la bandera austriaca mantiene el águila bicéfala que también está grabada en la puerta principal de la muralla de la ciudad de Toledo, su *Puerta de Bisagra*.

Todavía los restos del Imperio de *Carlos V y I* están presentes.

El Madrid de los Austrias es nuestro centro íntimo en la ciudad. El alemán, idioma temido por difícil, hasta ellos lo consideran así, se entiende mejor de lo que uno pudiera pensar. No por las palabras, pero sí por lo que piensan cuando alguien se dirige a ti. He comprobado que entre un inglés y un español hay más diferencia que entre un austriaco y nosotros. Y lo mismo ocurre con Francia, lugar tan cercano, capaz de decirte ante una emergencia, *"Je suis désolé"* y abandonarte en una esquina.

El austriaco es más noble, como el español, como el castellano hosco, que siempre esconde un corazón blando, tan blando que lo recubre con su duro caparazón.

Los dos son también más extremistas para lo bueno y para lo malo.

La cabaña de Heidegger está aquí por todas partes, en cualquier rincón.

Su pensamiento salta a España en la figura de José Ortega y Gasset. Las construcciones que Felipe II dictó a Juan de Herrera, entre ellas *El Escorial* y que el franquismo quiso revitalizar, nacen de las siluetas austriacas. No son de origen español como se pudiera pensar, son austriacas. No hay que olvidar que entre los estudios que recibió el monarca español se encontraba el conocimiento de la arquitectura. El hombre de Madrid desea en su íntimo ser un hotel tirolés y la casa vasca no se diferencia demasiado de estas construcciones. Madrid es una ciudad con un norte austriaco y un sur andaluz. Madrid es una ciudad con ríos que ahora son calles y, a pesar de contar con un cauce tan pequeño, el nuestro, el Manzanares sirvió de inspiración nada menos que a Francisco de Goya.

Madrid es una ciudad de torres blancas, no debería haber tantas oscuras, como florecen ahora.

El proyecto dedicado al periódico *Chicago Tribune*, que firmó Adolf Loos, es tal vez la torre que todos quisiéramos construir y que nadie se habría atrevido a proponer. Simplemente era de piedra.

Negra.

Pero allí no hay sol.

Los primeros rascacielos de vidrio de Mies pienso que son de grafito, como rocas.

Su impresionante representación, uno de los primeros collages de la arquitectura moderna, no nos indican la transparencia como valor esencial.

Otra vez | Noch ein Mal.

¿De dónde viene la manía por el muro cortina? Actual.

¿Para ver el paisaje?, sí.

Pero... ¿como una mosca en un terrario?

No me interesa.

Lo opuesto, el *Empire State* hecho de ladrillo y la *Torre Eiffel de acero* permiten subir y asomarse al acantilado, a cielo abierto.

Europa es de piedra y América de cristal.

En Liliput, *Gulliver*, el más grande de los hombres, era enorme aunque hubiese sido un pequeño hombre del Perú. En el mar todos lo pensaron, y por supuesto su capitán, que el *Titanic* era invencible cuando lo vieron en el puerto, donde no cabía.

Imponente en tierra, salió al océano y se convirtió en una hoja que se rompió al primer roce. Luego tuvieron que hacer alarde de caballerosidad los hombres e irse al bar a tomar la última copa.

Siempre hay algo más grande, pero también algo más pequeño.

El hombre menguante comenzó a reducirse muy lentamente.

Al principio sus zapatos le quedaban grandes y su cinturón flojo. "Su mujer aún le amaba". Poco a poco fue descendiendo. La relación se enfrió. Hubo un momento en el que él, al ser más bajito recibía todo tipo de gritos, pero siguió descendiendo. Poco a poco alcanzó el tamaño de un niño. En ese momento, el instinto maternal se adueñó de su esposa y lo trató con cariño. Pero siguió reduciéndose.

Llegó un día en que vivía en una casa de muñecas y su mujer ya salía con otro caballero.

Se olvidaron de él y el gato trató de comérselo, pero pudo escapar gracias a la inteligencia de un hombre. Huyendo siguió descendiendo y se encontró con el más temido de los monstruos, la araña.

Aterrorizado huyó. Pero sintió hambre y ante eso nada se opone. Armado con una aguja de coser luchó como un héroe mítico contra

ella y la mató. Ese fue su único momento de felicidad. A partir de ahí, solo le quedaba la aventura del hombre solitario hacia un mundo desconocido. Solo al ser sumamente pequeño pudo recobrar la dignidad perdida.

La casa puede llegar a ser diminuta, "más pequeña que sus propios habitantes".

/ Casa Pegotti, decía Oiza /.

La casa más pequeña de la ciudad de Spittal.

Año 13, está terminando y vamos a fabricar el Siglo Veintiuno.

Ya sabemos que *kubus* puede ser un palacio, un conjunto de planos o un cuadro que se recorre como una máquina, permitiendo la llegada a lo más alto para obtener un jardín.

Ya sabemos que si hago algo, eso me representa y sorprende descubrir hasta qué punto nuestros actos afectan a los demás.

Veo dos garzas.

Una va detrás de la otra y pienso que son compañeros, pero de repente, sin saber por qué, la que va detrás se vuelve y se va.

Pienso entonces que esta perseguía a la primera y ante la indiferencia de esta, decide abandonar.

El hombre, en cambio, nunca abandona.

Sigue sus convicciones o sus ambiciones.

Unos tienen unas, otros otras, pero casi nadie tiene las dos.

Se trata de dos especies de hombres.

Insiste en ellas y nunca para. Tarde o temprano vuelve a la carga.

"Yo soy de los que no cambia", decía Guy Debord.

Los *Situacionistas* guiados por él nos lo avisaron.

Levantándose contra el poder que habían adquirido los *Surrealistas* de André Breton, Debord nos adelantó en 1967 la *Sociedad del espectáculo*.

Nos habló del "urbanismo unitario", de la necesaria "revolución de la vida cotidiana" y sobre todo de la "crítica a la especialización":

> "La *IS* [Internacional Situacionista], como se verá algún día [*hoy*], se presenta como la forma más pura que puede adoptar un cuerpo antijerárquico de antiespecialistas... De esta forma los especialistas mismos se encuentran hoy en día ante el dilema de seguir siendo prisioneros de un rol estrecho, ridículo e infame al servicio del poder. La tendencia totalitaria se manifiesta paradójicamente en la separación progresiva, la fragmentación y el aislamiento de las actividades singulares, las cuales quedan reducidas a especializaciones. Su fin, fragmentar el conocimiento".

Los Situacionistas colocaron todo al revés.

Cuestionaron hasta sus propias convicciones, incluso la *Belleza* y desde una posición artística declararon la guerra política.

Es en la revuelta poética y artística donde hay que buscar la tradición en cuyo seno se situó Guy Debord.

Tenían razón en algo:

"Comprometidos como estamos en la fase histórica de la NADA, el paso siguiente no puede ser otro que un cambio del TODO".

¿Cómo se reconoce 'la Belleza'?

Decía Guy Debord siguiendo a Nietzsche: "El gran estilo excluye al agradable".

Cuando alguien te la aconseja, se imita.

La interpretación no solo es lícita, es irremediable.

Lo importante es tratarla adecuadamente, recordar el original, versionar pero señalando al verdadero autor, a aquel a quien se sigue.

El arquitecto dicen que se siente fracasado, si no da el *do* de pecho en cada acción.

Nada más ridículo.

Es como si el médico te recetara siempre de forma creativa.

Hay momento para todo, pero los más deben ser de normalidad.

Si voy a un sitio desconocido, trataré de hacer lo que vea allí.

Y si voy a África, la verdadera antigüedad, entonces llevaré mis medicinas y fabricaré la Villa Savoye, que es lo más parecido a la *penicilina*.

Nunca una construcción de nudos entrelazados de cuerda y plástico, en eso, *ellos* son los expertos.

Podemos copiar, podemos interpretar.

También se puede inventar.

De todos ellos solo la copia nos obliga a ser humildes.

La copia no puede tener ninguna ambición artística, en ese caso cae en el ridículo.

¡Pero ocurre tantas veces!

Es tan fácil o tan difícil copiar *Las Meninas* de Velázquez como uno de los supuestos garabatos que realizó Picasso al final de su vida sobre el lienzo.

Lo difícil es inventarlo.

Y cuanto más fácil parece, más rabia da.

Ese es el motivo de la desconfianza de tanta gente ante el arte contemporáneo.

De todas formas, la mínima tentación de creer que el hombre crea algo es ridícula.

Todo es una transformación que viene de atrás, de muy lejos.

Sabiendo eso, todo es más llevadero.

El artista se inclina hacia la felicidad o hacia la infelicidad, casi nunca permanece en medio.

Pero entonces,

¿Cómo distinguimos la belleza?

¿Cómo saber que algo es una obra maestra?

Yo... por mi parte, utilizo un regla muy *sencilla | schlicht*

He comprobado que al visitar una supuesta obra de reconocimiento declarado mi reacción es de dos tipos:

1.
   Me inclina a la crítica.
   Me produce malestar, envidia, dolor de nuca y sobre todo me quiero ir.

2.
   Me siento bien. Obtiene lo mejor de *mí*.
   Allí viviría. Quiero estar.
   Pienso que ahí está la diferencia.
   Spittal.
   Austria.
   Agosto, año *13*.
   Juan Mera. *Architekt*.

AGRADECIMIENTOS

A la Escuela de Arquitectura del Campus de Spittal, Fachhochschule Kärnten University, Carinthia. Al profesor FH-Prof. DI Walter Schneider, director of School of Architecture Fachhochschule Kärnten Spittal Campus por su inestimable colaboración. A la profesora Ángela Lambea, por su apoyo y dedicación. Al profesor Manuel de las Casas por su inmensa generosidad. A la profesora Lola Sánchez-Moya por su ayuda infatigable. Al profesor Carlos Asensio Wandosell por su precioso prólogo. A la profesora Nieves Cabañas por su dedicación en la edición. A Miguel Ángel Collado, a Fátima Guadamillas, a Raul Martín, a Juanjo López Cela, a Jose Manuel Chicharro, a Manuel Villasalero por su defensa de la Arquitectura. A Juana Gil por su alegría y ayuda desinteresada. A Margarita Fernández por su constancia en el trabajo diario. A Florencio Gutierrez por su lucha. A José Osona por su entrega y a Nicolás Martín por su ingenio. A Julio García Maroto. A mis amigos y primer estudio Victor y Eduardo. A mi compañera de estudio Blanca Lleó. A mis compañeros y amigos de la ETSAM de los que tanto he aprendido, en especial Javier Frechilla, José Manuel López Pelaez, Luis Martinez Santamaría y Jesús Ulargui. A mis compañeros del COAM en tantas batallas. A mis padres y hermanos, una gran familia. A mis hijos Estrella, Diana y Pablo por sus traducciones inglesas. Al profesor Andreas Voigt por su extraordinaria ayuda alemana. A la Escuela de Arquitectura de Toledo y todos sus profesores y PDI/PAS ellos me entienden, sobre todo amigos.

A los estudiantes de arquitectura.

Sin ellos, estos escritos nunca hubieran existido.

Con mi gratitud.